効果10倍の〈教える〉技術

授業から企業研修まで

吉田新一郎
Yoshida Shin-ichiro

PHP新書

はじめに

先日、あるテレビ局の番組が、私たちのケガや風邪に対する対処法は根本的に間違っていた、と教えてくれました。

まずケガですが、私たちのほとんどは「ケガをしたときは、消毒して乾かす」と思い込んでいますが、実際にやるべきことは「水洗いをして、患部を空気に直接当てないようにする」のだそうです。あるプロ・サッカーの選手が、ラップで包んだままにしておくと、治りが早いと紹介してくれました。

風邪については、「うがいをしたり、せきのときは口を覆ったり、マスクをする」と思い込んでいますが、実際には「手を洗い、眼や鼻に触れない」だそうです（ちなみに、うがいやマスクはインフルエンザのときの対処法です）。長年行われてきたことがプラスに作用することはありますが、ケガや風邪の対処法は、みんなで「思い込みの間違い」を繰り返しやり続けてきたことになります。

そして、「なんでこんなに基本的で、しかも簡単なことが長いあいだ間違って行われ続けてきたのですか」という司会者の質問に対して、風邪を長年研究してきた大学教授は極めて明快に「人間は習慣の奴隷ですから」と答えていました。しかも、番組では触れていませんでしたが、すでにその間違いはウン十年前からわかっていたそうですから、習慣を変えることはそう簡単にはできないことも教訓として教えてくれています。それとも、この習慣をそのままにしておいた方が得をする人がたくさんいるからでしょうか？

これと同じことが、もし人間が教えたり、学んだりするときにも起きているとしたら、あなたはどう思われますか？

私たちは、学校や大学の教室だろうが、会社の研修室だろうが、社会教育センターの会議室だろうが、前に立って話をするのは教師や講師の役割であり、生徒や受講者はおとなしく座って話を聞くもの、と思い込んではいないでしょうか？　主役は、いったい誰だと思いますか？　知識や情報は、それをたくさん持っている教師や講師から、何も持っていない、あるいは少ししか持っていない生徒や受講者に伝えられるもの、と思われています。

こうした、これまで私たちが当たり前のようにしてきたことが、私たちの「学び」を助けてきたと思いますか？　それとも、妨げてきたと思いますか？

本書の目的は、教えたり、学んだりするときの「間違った習慣」に気づき、より正しい前提に立った教え方・学び方のプログラムを組み立てる際のヒントを提供することにあります。そして、「学び」の創造者や演出者としてのあなたの力を伸ばし、楽しみを増やすことに貢献することです。
この本が提供する具体的なメリットとしては、次のようなものが含まれます。
・学ぶことをより楽しくする
・想像力や創造力をかきたてる
・学びに適した環境や雰囲気をつくりだす
・学習者を完全に巻き込む
・学習者に挑戦のしがいのある方法を提示する
・学習者をより元気に、やる気にさせる
・学びを確実にかつ素早いものにする
・学びのコミュニティーをつくる
この本で紹介されている授業や研修の方法を導入すれば、授業では生徒がより生きいきするでしょう。企業は時間とお金を浮かせることができるだけでなく、より高い質のスタッフを得ることができるでしょうし、社会教育では問題解決や目標達成に向けて主体的に行動する真の市民の育成が可能になると、確信します。

効果10倍の〈教える〉技術　目次

第3章 「学び」のサイクル

第4章 仕事や生活に活かす

プロローグ　私の「教え方」史

教え方を見直す二つの出合い

一九八六年に体験した二つの衝撃的な出合いまでは、私もごく普通の（今でもわが国では主流の）教え方をしていました。それは、内容に精通した人が、受講者の関心をひき、ときにはユーモアなども交えながら、居眠りをする人がいても、なんとか最後まで話し通す、というやり方です。

私は、一九七〇年代の後半から途上国の開発問題にかかわる中で、国際協力や援助でこの問題が解決されるものではないことを知りました。そんな中で一九七九年に出合ったのが「開発教育」でした。開発教育を一言で言うと「多様な文化と人々が相互に依存し合う世界で、責任ある生き方をするのに必要な知識、姿勢、技能を身につけ、実際に行動も起こしながら学び続ける教育」です。たくさんの情報収集と勉強の末に、ようやく一九八六年にその本場であるイギリスとオランダから、それぞれの国で開発教育を普及している人たちを招いて、日本での普及に関心のある人たちを対象にした研修会（名称は、「ワン・ワールド・ワークショップ」）を国内数カ所で開いたのです。そのとき彼女たちが体験させてくれたのが、**ワークショップ**でした。

ワークショップは、それまで私たちがしていた会の持ち方とは根本的に違っていました。誰か講師やパネラーがいて、後は聴衆という関係ではなく、集まった参加者全員が同じレベルで主体的に参加するセミナー形式のものでした。参加者全員が先生であると同時に、生徒であること、少人数の対話を大事にすること、すべては参加者からスタートし、話し合いを通じてなんらかの新しいものを協力してつくりだす**集団創造活動**です。

そしてさらに同じ年に、私はイギリスで出版された『**ワールド・スタディーズ**』という本にも出合いました。私が日本初の国際理解教育のセンターをつくろうとしているのを知っていたオーストラリア人の友人が送ってくれたのです。

この本については、第5章の冒頭の部分で触れていますので、詳しくはそちらに譲りますが、「活発な話し合いをする際のヒント」も九つあげており、私が教えるときには、必ずと言っていいほど参考にしています。それは、①何か手に取れるものを使う、②課題は明確に、③少人数（三〜六人）で、④議論の余地があるものを、⑤力を合わせて、⑥視覚に訴えるものを、⑦並べて、比べて、選んで、まとめて、⑧体験してから考える、⑨難しすぎず、やさしすぎず、です。この本は、八〜十三歳の子どもたちを対象にした教師用の手引書として書かれたものですが、大人を対象にした研修などでも十分に使えます。

私は、一九八六年に出合ったこの二つを大事にしながら、さらに教え方を学び続け、八九年には国際理解教育センターを設立して、本格的な普及活動を展開し始めました。普及する内容は、異文化理解教育、環境教育、開発教育、人権教育、平和教育、そして未来教育ですが、学校教育の場合はそれらを既存の教科でどのように扱えるかということになります。普及する方法は、ワークショップ型の学び方・教え方です。

一九九〇年から九四年までは、毎年のように異文化理解、環境、開発、人権などの分野のワークショップの専門家を海外から招き、国内各地で研修会を開催しました。もちろん、普及のためにしていたことですが、人の選定から、事前の翻訳・出版、研修の場での通訳、そして事後のワークショップのまとめや、同じテーマでのワークショップの開催など、「教え方」という観点で一番学ばせてもらったのは、他でもなくこの私でした。

日本には「研修のプロ」が存在しない

社会教育でも、教員研修でも、職員や社員研修にしても、従来の研修と違い、受講者はお目めパッチリで、生きいきと研修に参加し、かつ実際に使えるものや役立つものが得られますから、受講者からも主催者からも好評で、多くの場合、次年度も呼ばれるようになりました。第3章で、その流れについては触れていますし、第5章ではそれをつくりだすための条件のようなものを整理しました。

人数制限もありません。四〇〇人を超える会場でも、ワークショップ型で研修（講義）をしたことも何回かあります。「活発な話し合いをする際のヒント」などを使えば、それほど難しいことではありません。

しかし、ワークショップ型の教え方を繰り返ししている中で気づいてしまったことがあります。一番大きなことは、制度（システム）として研修が機能していないということです。私のような者が、あちらこちらから（それも毎年繰り返し）呼ばれることはとてもありがたいことではあるのですが、**それでは残念ながら何も変わらない**ことに気づいてしまったのです。要するに、「イベント的な研修では、それがいかに価値あるものであっても、受講者に与えるインパクトはほとんど期待できない」ということです。このことは、残念ながらワークショップにも言えてしまうことを、体験を通して気づかされました（一五七ページの表3を参照）。

また、右の問題点と関連しますが、日本には「研修のプロ」が存在しない、ということにも気づいてしまいました。研修のプロ（＝professional developer）とは、型にはまった研修プログラムを組み、講師の手配をする人のことではありません。多様な学び方を知っていて、対象に応じて（内容や対象が置かれている状況も踏まえながら）、ベストの方法を提供し、対象の学びを継続的にサポートできる人のことです。私自身が、単なるワークショップのファシリテーター（＝進行役）ではなく、一人ひとりの学びをサポートし、確実によりよい仕事ができるようにサポートする存在としての「研修のプロ」を目指し始めたことは言うまでもありません。当然のことながら、そういう人がいるかいないかで、個人レベルの学びも、組織レベルの学びもぜんぜん違ったものになります。

「研修の終わりが活動の始まり」となるためには

一九九五年以降約五年間、こうした点についての情報収集と勉強に励みました。その中心は、「学ぶ」ということの捉え直しでした。人が個人レベル、あるいは組織レベルで「変わる」ということについても知る必要がありました。それらの結果の大切な部分と私なりの実験の一部は、第1章、第2章、および第4章で紹介しています。詳細については、そちらを読んでいただくとして、結論を言いますと、**学ぶことや変わることを踏まえた、教えることに関するコペルニクス的な転換が求められている、**ということです。

私にとって最も大きなインパクトの一つは、一六〇ページの表5でした。組織内で研修をする（学ぶ）場合に、これまではあくまでも参加者本人を対象として実施してきたわけですが、それでは基本的にダメだ、というのです。なんと一番重要な役割を果たすのは上司でありトップだと言い切っているのですから。

社会教育などの場合も、対象を受講者各自と設定してしまっては、「研修の終わりが、活動の始まり」にはならず、「研修の終わりが、そのまますべての終わり」になってしまいます。この場合も、組織内の研修の場合と同じようにチーム・アプローチが効果的ですし、企画者ないし主催者が研修終了後に果たす役割も、これまで考えられていた以上に重要なのです。

また、最近は「研修」らしからぬ学びの機会の方が、実は「学び」の効果がはるかにあるように思い始め、多様な学び方を集めてきました。これについては、一六四〜一六七ページ（特に、表10）および拙著『「学び」で組織は成長する』（光文社新書）をご参照ください。それらのほとんどは、イベントとしてではなく継続的なかかわりが前提となるものばかりです。また、「やらされている」「学ばされている」という感覚がほとんどないままに、自然に学べてしまうのも、これらの方法の特徴です。

第1章 間違った習慣からの脱出

第1章の目的は、私たちが日々当たり前のように、教えたり、学んだりするときに犯し続けている「間違った習慣」を明らかにすることです。そのために、「これまで」の教え方や学び方の特徴を振り返り、それとはほぼ逆さまのものとして捉えられる「これから」の教え方や学び方の特徴も提示します。

1 これまでの教え方・学び方

これまでの教え方は「工場モデル」

今わが国の主流の教え方・学び方は、産業革命とほぼ同時期に生まれた「工場モデル」と言われているもので、標準化、外部でのコントロール、ニンジンをぶら下げたり、ムチで締めつける行動主義的アプローチ、すべてがバラバラ・ブツギリで提供される、講義中心のアプローチです。これは、どこを切っても同じ金太郎飴の再生産であり、口答えをせずに単純作業に役立つ労働者を養成するには、最も適した方法であったと言えます。

この「工場モデル」を表す言葉としては、「真面目、暗い、退屈、楽しくない、閉じたシステム、競争、受け身的な学習者」などがあります。なお、これらすべての点に関して、文部科

表１　これまでの教え方／学び方 と これからの教え方／学び方

これまでの教え方／学び方	これからの教え方／学び方
硬い	柔軟
真面目	楽しい
１つの方法	多様な方法
カバーすること重視	結果重視、プロセス重視
バラバラ、ブツギリ	全体的・統合的
イベント	継続性
直線的（に登っていく）	らせん状（に登っていく）
競争	協力
個人単位	チーム単位
受け身的	主体的
閉じたシステム	開かれたシステム
行動主義	構成主義
言葉と思考	多様な感覚と能力（マルチ能力を参照）
管理的	互いに育て合う
資料	活動
頭	頭とこころとからだ
スケジュールへのこだわり	結果へのこだわり

（出典： The Accelerated Learning Handbook, Dave Meier, McGraw-Hill, 2000）

学省もすでに認めており、なんとか修正したいとは思い始めているのですが、「間違った習慣」は容易に直せないようです（三九〜四一ページ参照）。

これらの諸要素は互いに影響し合っているので、一つひとつを明快に分けて論じることは容易ではありませんが、「間違った習慣」に気づいていただくために、できるだけ丁寧に説明していきます。

雰囲気は、「硬くて、暗くて、真面目で、楽しくない」

あなたがこれまでに受けた授業や研修などを思い出してください。それらのほとんどは、「硬くて、暗くて、真面目で、楽しくなかった」のではないでしょうか？　中には、「明るくて、笑いがあり、動きもあり、出会いもあり、楽しかった」と言えるものもあったかもしれませんが、あまり多くはなかったと思います。

なぜ、「硬くて、暗くて、真面目で、楽しくない」学びが圧倒的に多いのでしょうか？

いろいろ考えましたが、それこそ「習慣」としか言いようがないのです。十年、二十年前どころか、五十年前、百年前、ひょっとしたら二百年前でも変わっていないのかもしれません。かといって、別に、「硬くて、暗くて、真面目で、楽しくない」学びの方が、「柔軟で、明るくて、笑いがあり、動きもあり、楽しい」学びよりも、よく学べるという研究結果があるわけではありません。従って、先生になる人たちや研修などの企画・運営をする人たちが、前者の体験しかしていないことや、学びとは「そういうものだ」という思い込みが、いつまでも生徒や受講者に「硬くて、暗くて、真面目で、楽しくない」学びを強要する大きな要因になっているとしか言いようがないのです。

この「硬くて、暗くて、真面目で、楽しくない」雰囲気は、教える者の役割は生徒や受講者の「知識理解」を図ること、従って自分の役割は教えること（しかも、できるだけわかりやすく話すこと）、そしてそれは教師主導で行うことである、と思い込んでいることと関連しています。

「学びの主役は生徒や受講者」のはずが……

先生役の人たちが使う方法は、「知識」を伝達するのに一番効率がいいと考えられている講義です。学校の授業を見ても、企業などの研修を見ても、社会教育の講座を見ても、講義がないと体裁が整わないというか、やった気になれないと言っても過言ではないぐらいです。実際、社員研修や社会教育などの講座でも、企画を立てる人は、テーマが決まると、そのテーマで講義できる人をまず探し始めるのではないでしょうか。そこには、他の方法を考慮する余地など存在するようには思えません。

こんな状況ですから、当然主役の逆転現象も起こってしまいます。

学びの主役は、一人ひとりの生徒であり、受講者です。教師や講師ではあり得ません。本来、脇役でしかない教師や講師を主役にしてしまい、主役であるはずの生徒や受講者を脇役にしてしまうことによって、学びの質と量が格段に落ちてしまうのです。学ぶのは、生徒や受講者であり、教師や講師ではありませんから。

主役の逆転現象が起こってしまっていますから、それから後がうまくいくはずもありませんし、以下にあげる間違った前提も、なんらかの形でこの「主役の逆転現象」と関係があります。その中には、「教師や講師がわかりやすく話せば、わかるはず」「一回聞けば、できるようになる」「学ぶことは、シンドイこと。おもしろくないこと」、そして特に学校などでは「ニンジンをぶら下げたり、ムチで締めつけないと、学ばない」などが含まれます。ニンジンやムチの代表的なものは、テストと成績です。

これらは、勉強することと切っても切れない関係として位置づけられていますが、実践や研究の結果から、テストではない他の様々な評価方法の方が、そして点数や成績だけを伝える代わりに文章や口頭でのフィードバックの方が、生徒の「学び」ややる気を高めることがすでにわかっています。

講義を聞くだけでは一〇パーセントしか身につかない

学校の教室の中でも、大人を対象にした様々な学びの場でも、一番たくさん話しているのは、教師や講師です。時間の九割がたは、教師や講師が話しているのではないでしょうか。その意味では、「空っぽのバケツ」である生徒たちに知識や情報をドバドバと流し込むたとえは当たっています。しかし、約二千五百年前にあの有名な老子は「**聞いたことは、忘れる。見たことは、覚える。やったことは、わかる**」と言ったそうです。うまい話は、いくらでもそのときはわかった気にさせてくれますし、いいノートも取らせてくれますが、それらが活かされることはほとんどなく、忘れられる運命にあります。ちなみに、「見たこと」もあまり当てになりません。例えば、私は感激して見た映画やテレビなどすぐに忘れてしまいます（おかげで何回も新鮮に見ることができますが）。その後、大分後になってですが、「見つけたこと（発見したこと）は、できる」と付け加えた人がいます。

ちなみに、この老子が言ったことを数字で表したアメリカの研究者がいました。それは、次の通りです（数字は、記憶に残る割合を表しています）。

聞いたことは、　　　10％
見たことは、　　　　15％
聞いて見たときは、　20％
話し合ったときは、　40％
体験したときは、　　80％

ここまでは、老子が言ったこととだいたい合っています。それでは、「見つけたこと（発見したこと）は、できる」のレベルは、どのような体験に相当するか想像がつきますか？

教えたときは、　　　90％

です。

これらの数字は、教師や講師の本来の役割をみごとなくらいに表してくれています。要するに、教師や講師が話していては、生徒や受講者はよく学べない。生徒や受講者に話し合ったり、体験してもらったり、さらには教えてもらったりすることによって、より確実な学びが得られる、ということです。

講義が中心だと、学ぶことがおもしろくなりにくいですから、勉強や研修には「シンドイもの」「眠いもの」というイメージも付きまとってしまいます。小学校に入る前までの学びには楽しいものとか、主体的にするものというイメージが子ども側にも、子どもの周辺にいてその学びを助ける人たちの側にもあるのに、学校に入ったとたん、自分の興味・関心とは関係ない部分で、学び（厳密には「学び」と言えるものは少なくて、「ツメ込む行為」と言った方が正しい）が展開し始めます。一人ひとりの子どものことなどまったく知らない人たちがどこかでつくりだした、系統化され標準化された教科書がバイブル化されて使われています。「バイブル」という言葉を使ってしまいましたから、あえて付け加えれば、授業の主役は、教師ですらないのかもしれません。「教科書のドレイになっている先生たち」と見抜いてしまっている生徒たちは少なくありませんから。

この最後の点は、現在の「学び」がいかに標準化されたものであるか、すでに答えのある教科書的なものに左右されているか、建前では「育てること」の大切さを言いながらも、実際は管理してしまっている部分がいかに多いことか、こころやからだとは切り離された言葉や思考（つまり、頭）の部分だけのものか、といったことと関係します。

こころやからだと頭がなぜ関係するのか、といぶかる方もいるかと思います。これは第2章で扱う多様な学び方やマルチ能力などで明らかにされることですが、私たちは頭だけで考えていると捉えるよりも、こころやからだにも配慮しながら、あるいはこころやからだを使いながら学んだときの方がよく学べることがわかってきたことによります。しかしながら、これまでの教室や研修室で行われていることは、そのような配慮も実践も伴っていない場合がまだほとんどだということです。学びはあくまでも冷静な思考によってのみもたらされる、という前提に立っているがごとく。第3章の「学び」のサイクルでは、このような点にも配慮したプログラムはどのようなものになるのかを具体的に紹介しています。

標準化と管理に終始

標準化、管理、教科書と並んだら、「硬くて、暗くて、真面目で、楽しくない」を思い出してしまいます。間違っても、「柔軟で、明るくて、笑いがあり、動きもあり、楽しい」というイメージはわいてきません。学校教育だろうと、企業研修であろうと、社会教育であろうと、日本全国どこに行っても同じことが同じように行われているのは、それがはたしてベストなやり方だからなのでしょうか？　それとも、それしか知らないからなのでしょうか？　それとも、誰かが管理しやすいからなのでしょうか？　当事者たちが学んでいないがゆえでしょうか？

私は、その全部のような気がしています。あまりにも、創造性のかけらもないようなことがまかり通っています。対象が違えば、扱う内容や取られる研修方法も自ずと違わないとおかしい、と思われませんか。「学び」が本当に存在するのであれば、いつまでも同じことばかりやり続けられるはずがありません。また、「振り返り」もしっかり行われているようには見受けられませんから、何はよくて、維持したり、伸ばしたらいいのか、何はまずいから、改善したり、除いたりする必要があるのか、ということも議論されているようにも思えません。ひたすらカバーし、スケジュール通りにこなす行為ばかりが見えてしまいます。

このことは「学び」や「研修」のプロが存在しないままに、様々なカリキュラムやプログラムが組まれ実施されていることとも関係します。そういうプロがいたら、ひたすら管理するだけの授業や研修が続くはずはありません。

バラバラ・ブツギリのプログラム

これは、学校の時間割もそうですし、研修や講座などのプログラムも同じです。例えば、月曜日の時間割は、なぜ理科、音楽、国語、体育、社会、算数という具合なのでしょうか？　あるいは、生涯学習講座のプログラムは、生涯学習って何、学社連携・融合、参加型学習運営の進め方、生涯学習社会におけるＮＰＯの役割、市民主体の生涯学習などと「バラバラ・ブツギリ」なのでしょうか？　企業の研修はこれほどひどくありませんが、それでもまだ「バラバラ・ブツギリ」の後遺症は残っています。

時間割やプログラムをつくった人には、それなりの意味はあるのかもしれませんが、それぞれのコマを埋めていく教師や講師、さらには生徒や受講者にとって、相互の関連性を見出すことは至難の業です。従って、それぞれはあたかも関係ないものであるがごとく扱われて行われます。生徒や受講者の中には、自分の頭の中で相互の関連性を見出せる人もいますが、多くの人はそれができません。

このようなバラバラでブツギリのアプローチの根底にあるものは、それぞれの教科やテーマにはカバーしなければならないものがあり、それらをバラバラ・ブツギリで扱った方が効果的かつ効率的なのだ、ということだと思いますが、はたして本当にそうなのでしょうか？　こうしたスケジュールへのこだわりは、異常なものさえ感じる程です。教える側や提供する側からすれば、確かにその方が都合がいいのかもしれませんが、学ぶ側からすれば学びやすいでしょうか？　また、このようなバラバラでブツギリのアプローチで、教える側や企画した者にとっての「学び」というものはあるのでしょうか？

「バラバラ」には、生徒や受講者を一人ひとりバラバラな存在として捉える習慣もあります。それも、主体的な存在というよりは、受け身的な存在としてです。また、話し合ったり、互いに協力し合うことは極力抑えられて、競争させられる場面の方が普通のようです。そのような状況では、バラバラにおかれている一人ひとりの生徒や受講者がどんな気持ちでそこにいるのか、といったことが考慮されることも稀です。何か問題が起きたときにだけ省みられるぐらいでしょうか？　あたかも教室ないし研修の場では、冷静で知的な部分と常に上下している感情の部分は切り離しておいた方が好ましいと言わんばかりです。

「バラバラ」にはさらに、学びの場以外のところ（学校なら、家庭や地域など。職場研修なら研修の場と仕事の場、社会教育なら講座と地域や生活）との断絶も習慣として存在しているように思います。知識は知識、実践は実践で分ける考え方が根づいているからでしょうか？　実践は、各自に任されているからでしょうか？　そうなると、そもそもの「学び」の目的自体がわからなくなってしまいます。

「行動主義」の考え方に基づいた教え方

楽しくないもの、シンドイものは、「ニンジンをぶら下げたり、ムチで締めつけないと、学ばない」ということで、テストを多用して、なんとか暗記させることになりますが、テストが終わって数日したら、覚えたほとんどのことは忘れてしまうことを、私たちは自らの経験でいやという程わかっています（もちろん、少数ですが、一度見たことや聞いたことは忘れたくても忘れられない、という人たちもいます）。

これまで説明してきたこととも関係しますが、少なくともわが国の教育界で依然として幅を利かせているのが「行動主義（behaviorism）」の考え方です。これは、教えることはすでにはっきりしていて、それをいかに効果的・効率的に教え込んでいくかが中心テーマです。これは、ネズミやサルやハトなどの動物実験で培われたノウハウを人間に応用している教育学のことです。教科書の存在や、ニンジン（褒美や長期休暇）やムチ（テストや成績）などは、その典型的な媒体です。

2　これからの教え方・学び方

「学び」は楽しく、エキサイティングなもの

学習社会における教え方・学び方は、生涯にわたって学び続けることに特徴があるのではなく、学習者のトータルなかかわりと主体的な学びにこそあるのではないかと私は思っています。それは、二三ページの表1の右側の欄にあるように、「学び」は楽しく、エキサイティングなものであるという捉え方、多様な学習方法、相互に信頼関係を築きながら真の協力を実現していく、外から提供されるのではなく、内発的なモチベーション（とはいえ、そう仕向けることができるのは教師のうまい投げかけ方ですが）、自分がかかわっている組織や社会と統合された形で

行われる「学び」などで表されるものです。

楽しむ部分と、真面目な部分の両方が大切

真面目が、ずっと続くだけではよく学べません。退屈してしまいます。「学び」の過程をどれだけ楽しめるかが、「学び」の質と量を大きく左右します。ここで言う「楽しみ」には、いろいろな側面があります。

・興味・関心がわく

○どれだけ自分に関連して、意味のあることをつくりだせるか

○自分の潜在能力に目覚める／新しい自分との出会い

○新しい人たちとの出会い

・新しい知識や情報との出合いや発見

○自分の言いたいことが言え、聞きたいことが聞ける

○明るくて、笑いがあり、動きもある

「楽しみ」とイコールではありませんが、オーバーラップする部分が多いので、あるセミナーの参加者たちがあげた「いい研修会」の条件を次のページで紹介します。

これら二つのリストの中で、いわゆる講義や硬い雰囲気の中で行われるグループ協議では得

表2　ある女性セミナーの参加者たちがあげた「いい研修会」の条件
（○印は得られない、得られにくいもの）

○自由、抑圧がない	●新しい知識が得られる
○気持ちがよい	○協調と連帯がある
○気分が爽快	○自分の思い通りになる
●興味がある	○参加者相互のコミュニケーション
●新しい世界が広がる	●明快でわかりやすい
●新しい出合いがある	○講師も受講者も得をする
●充実している	○創造力と想像力を使う／磨ける

られないものは、どれでしょうか？　得られないもの、ないし得られにくいものは、リストの中で○印にしておきました。もちろん、●印だからといって従来の講義やグループ協議で必ず得られるかというと、その確約はありません。可能性はあるというレベルです。しかしながら、半分以上が○であることからすると、方法として講義や伝統的なグループ協議以外のより効果的な方法を用いる必要があることを示しています。

多様な選択肢からよりよい方法を採用する

最初から講義ありきではなく、しっかりと結果を出してくれる方法を多様な選択肢の中から選ぶ必要があります。そして、唯一絶対の方法などありませんから、常によりよい方法を探し求めることも大切です。本書で紹介するのは、教師や講師によるプレゼンテーションでもなく、教科書やテキストや資料でもない、学習者を中心に据え、様々な体験を通した「学び」を実現するための教え方です。以下、そのことについて言及した一文を紹介しましょう。

教えることには、話すこと以上のたくさんのことが必要です。生徒たちの頭に情報を注ぎ込んだ結果自動的に起こるのが学びではありません。「学び」には、学習者自身の知的なかかわりと、実際にしてみることが不可欠です。教師が説明したり、して見せるだけでは、後に残る本物の「学び」はつくりだせません。学習者の主体的で活動的な「学び」こそが、それを可能にします。

何が、「学び」を主体的・活動的にするのでしょうか？　「学び」が主体的・活動的なときは、教師よりも学習者こそがほとんどの作業をしています。生徒たちは脳ミソを使い、アイデアを検討し、問題を解決し、学んだことを応用したりしています。主体的かつ活動的な「学び」は、速いペースで行われ、楽しく、助けが容易に受けられ、人をひきつけるものです。（中略）（それは、たくさんの方法を使いますが、）すべての教師のためのものです（Active Learning: 101 Strategies to Teach Any Subject, Mel Silberman, Allyn and Bacon, 1996。（　）内は筆者。この本は、生徒や受講者が主体的・活動的に学べる具体的な方法を一〇一も紹介してくれています。他にも、関連の文献を知りたい方は、Shinlearn@yahoo.co.jp にご連絡ください）。

全体的・統合的・開かれたシステム・結果重視

西洋的なものの見方・捉え方は、様々な要素をバラバラにして分析し、分類することを中心に行われてきました。その結果として、時間割やプログラムも生まれました。統合する部分は、学習者各自のやる気と力量に任されてしまったのです。これが結果的には、学びと生活や仕事との分裂を招いています。この分裂を回避するには、プログラムの企画者や教師や講師のレベルで、全体として捉え直す必要があります。

なぜ、その必要があるのでしょうか？　「学び」は、仕事や社会に出るための準備として位置づけられるのではなく、仕事や生活そのものとして捉えられないといけないからです。言うまでもなく個人と組織の存続と健康は、学ぶ力にかかっています。これまで変化のスピードが緩やかだったり、知識や情報の増えるスピードが遅い時代には、同じことの繰り返しでも許されましたが、知識・情報・変化のスピードが加速化する状況では、単にそれらを受け入れるだけでは駄目で、**取捨選択する能力**が個人にも、組織にも求められているわけです。そのためには、すでにわかりきったこと（誰かが答えを持っていること）を覚える程度で「学び」をとどめるのではなく、**考え方や問いかけ方、情報の発見の仕方、アイデアのつくりだし方**を学び、常に成長し続けられるようにしなければなりません。これは、学びの場を職場や社会に広げることをも意味しています。

なお、このようなアプローチを取ることによって、理解したことや自らつくりだしたアイデアを実践したり、仕事に活かしたりといった形で、確実に設定したねらいを達成することにもつながります。

変化の速度が急速な時代には構成主義に基づく「学び」を

これまでの教え方は、変化が極めて緩やかだった時代、ないしは変化の予想がつく状況の中での授業や研修でした。しかし、今はその「予想のつく世界」が存在しなくなったり、変化のスピードがあまりにも速すぎる状況になってきています。従って、もはや過去の知識や蓄積を覚えるだけでは不十分で、状況に合わせて授業や研修の仕方も当然変わることが求められています。これからの教え方は、**創造者としての学習者、チームを単位として協力して事に当たる、相互のかかわり合い、頭だけでなくこころも含めたからだ全体で学ぶ、選択の余地が多様にあり、あらゆる学び方の違いに対応できること**などが基本になります。

標準化や、組織や社会の文化の名のもとに、各人の個性や能力を押さえ込んでしまうのではなく、解き放つことが求められています。これまでと同じことをやり続けることは、もはや許されません。今は自分の可能性をフルに発揮できる**オリジナルな人間**が求められています。すべてのレベルで全員がイノベーターにならなければならないのです。

三二～三三ページで紹介した行動主義に対して、教育界で最近力を持ち始めてきているのが「構成主義（constructivism）」の考え方です。これは、知識は誰かから与えられるものではなく、一人ひとりがそれまでに持っている知識や体験をベースにしながら、**新しい体験をしたり、新しい情報や異なる考え方に出合うことを通じて、自らの知識をつくりだすものである**という捉え方です。

３　各分野で高まる「学び」への期待

これまでの悪しき習慣がはびこっているので、何をどう変えたらより効果的かつ効率的な学びが得られるのか、わかっていない部分は多分にありますが、大きな期待は各分野ですでに表明されています。

学校教育でも「間違った習慣」を認めた

文部科学省と名称が変わる前の文部省は、画期的とも言える「これからの学校像」を示しました（『二十一世紀を展望した我が国の教育の在り方について』〜第十五期中央教育審議会第一次答申〈一九九六年七月十九日発表〉文部省編集、文部時報　平成八年八月臨時増刊号）。その要点には、次のようなものが含まれています。

・知識を一方的に教え込むことになりがちであった教育から、子供たちが、自ら学び、自ら考える教育への転換を目指す。
・子供たち一人ひとりが大切にされ、教員や仲間と楽しく学び合い活動する中で、存在感や自己実現の喜びを実感しつつ、〔自ら学び、自ら考えるなどの〕［生きる力］を身につけていく。
・教育内容を基礎・基本に絞り、わかりやすく、生き生きとした学習意欲を高める指導を行って、その確実な習得に努めるとともに、個性を生かした教育を重視する。
・子どもたちを、一つの物差しではなく、多元的な、多様な物差しで見、子どもたち一人ひとりのよさや可能性を見出し、それを伸ばすという視点を重視する。
・豊かな人間性と専門的な知識・技術や幅広い教養を基盤とする実践的な指導力を備えた教員によって、子どもたちに［生きる力］をはぐくんでいく。
・家庭や地域社会との連携を進め、家庭や地域社会とともに子どもたちを育成する開かれた学校となる。

・このような「真の学び舎」としての学校を実現していくためには、学校の教育活動全体について絶えず見直し、改善の努力をしていく必要がある。

このように並べて書くと、どれも納得して読めてしまうかもしれませんが、これらはどれ一つ取っても実は、極めて特筆すべきことなのです。それは、これまで当たり前のように行っていた「間違った習慣」の数々を認めているからです。それにはどんなものが含まれるのかをもう一度確認すると、次のようなものが含まれます。

・これまでの教育は「ツメ込み教育」であった。
・授業は楽しくなく、存在感や自己実現の喜びを実感できるものでもなく、わかりづらい。
・子どもたちを知識の量（ないし「暗記の量」）という一つの物差し（＝テスト）で測っていた。
・教員は実践的な指導力を備えているとは言いがたい。
・学校は極めて閉鎖的で、家庭や地域社会とともに子どもを育てるという姿勢に欠けていた。
・これまでの学校は、見直しや改善の努力を怠っており、「真の学び舎」とは言えなかった。

絵に描いた餅も、ないよりはあった方がよかったのですが、その後の週五日制への移行と極めて低次元の学力低下論争で文部科学省への批判が高まり、振り子は反対側に振れてしまい、絵に描いた餅も残念ながらアッという間に吹き飛んでしまいました。

生徒、教師たちが抱く「理想の授業」とは

まずは、文部科学省サイドの期待から紹介しましたが、今度は子どもたち自身の期待を見てみましょう。子どもたちが学ぶ際に求めていることは次のようなものです（NHKの教育をテーマにした番組〈一九九九年一月十日放送〉で参加者の中高生が発言した内容）。

・楽しい授業がいい。
・わかる授業がいい。
・静かな授業、言いたいことが言えない授業、聞きたいことが聞けない授業はイヤ。先生に言いたいこと／思っていることを言っていくべき。お互いの言いたいことを言い合える機会を持つべき。
・実際のものを使う授業、実感のある授業がいい。
・平面的な黒板の上の授業でなく、教室の中だけでもない。

・どこかに行く、実際にやるような立体的な授業を望んでいる。
・人間関係も学べるような授業がいい。
・各人の考えや個性や主張がわかるような授業がいい。
・変化や刺激のある授業（例えば、外に出たり）がいい。
・一人の先生で四〇人の生徒は無理。もっとたくさんのいろいろな人が教えればいい。

これらのリストから、子どもたちは限られた体験しか提供されていないにもかかわらず、あるべき授業（学び）のイメージをしっかり持っていることがうかがえます。同時に、第2章で紹介する「学びの原則」や「学びのスタイル」や「マルチ能力」についての感覚もある程度持っていることがうかがえます（あるいは、これらのことは極めて常識的なことで、その常識的なことが満たされていないことにこそ大きな問題がある、ということかもしれません）。

「はじめに」で触れたように、私たちは「習慣の奴隷」です。従って、教師や親の大人の方が体験（それは、「学び」の観点からはあまりよくない習慣だった）がある分、あるいは習慣を問うこともなく行い続けてきた分、「学び」のイメージが狭くなっているということも考えられるかもしれません。

ご心配なく。高校の社会科の先生たちに「生徒が生きいきする授業の要因」というテーマでブレーン・ストーミングしてもらったところ、次のような結果が出ました。

・情熱
・意欲
・認める／ほめる／否定しない
・わかる
・目標達成
・雰囲気がいい
・わかりやすく、楽しい
・信頼関係がある
・生徒が学びたいものがある
・生徒が答えを導き出せる
・主体的な学びがある
・学びが共有される
・生徒が主役
・生徒の視点に立って
・生徒一人ひとりの個性に対応した

実際、これらの要素をふんだんに踏まえた授業が日々展開されているかどうかは、はなはだ疑問ですが、先生たちも授業の理想形をしっかり持っていることだけは確かです。

しかしながら、こうした生徒たちが望んでおり、教師たちも理想としてあげている授業と、それらの総体としての「真の学び舎」を実現することを可能にする学び方・教え方の模索は、まだまだ十分ではありません。これこそが本書で扱うテーマです。

組織における「いい研修会、悪い研修会」

次に、企業、自治体職員、教職員の研修などを企画・運営している担当者が悩んでいること、抱えている課題、求めているブレークスルー（期待）にはどんなものがあるのかを見てみることにしましょう。

大きく分類すると、⑴受講者が活かせる・変わる研修、⑵受講者の満足度の高い研修、の二つに分けられます。

まず⑴受講者が活かせる・変わる研修に関しては、担当者の多くがイベントとしての研修に終わらせずに、終了後、現場で使える研修にしたいと思っていますが、それはどんな内容・形態のものかイメージを持っていないようです。「討論だけで終わるのではなく、討論したことを実現するための活動や行動にまで発展していく研修」あるいは、研修の結果人が変わるために「受講者が、今までの自分を振り返ることができるようなプログラムの立て方」が必要、と言っている担当者はいますが、それは「どのようにすれば可能なのか」というイメージまでは持っていません。

⑵の受講者の満足度の高い研修については、以下のような課題や疑問点が出されています。

①参加者の満足度を高めるためのポイントは？
②参加者全員が満足する研修にするための条件は？
③受講者の意欲を引き出す研修のやり方は？
④自主的に参加したいと思える研修をつくる方法は？
⑤受講者がワクワクするような研修とはどのような研修か？
⑥参加型研修をするときの技法・留意点は？
⑦研修した内容を継続したものにするための方法は？
⑧参加者個々のニーズに応えるには？
⑨全体の課題を扱いつつ、個々の参加者の課題に応じるには？

①から⑤は、基本的には同じことを別な言葉を使って言っているような気がします。特に、④の課題は大きいらしく（実態として、強制的な研修が横行しているから）、似たような発言は以下のようにたくさんの人がしています。

・より多くの受講者に自主的に参加してもらうには、どんなことに留意すればよいか？
・参加したくなる研修とは？

・参加者が参加してよかった、という参加型の研修のあり方？　形態？
・受動的でなく、能動的に受講してもらう研修とは？
・参加型研修が多く行われるようになったと言っても、話し合いだけで終わっていないか？

担当者たちが、これらの課題や疑問に応えることができていないために、「眠い、だるい、退屈、おもしろくない、感動できない、講義のみ、座りっぱなし、講師が口ベタ、講師の自慢話、講師が威張っている、講師のひとりよがり、講師に魅力がない、欠席が許されない（強制的な参加）、受講者にやる気がない、魅力的な異性がいない、笑いがない、テーマがはっきりしない、発言者の論旨が不明、一般論ばかり、話が難しすぎる、ドキドキしない、新鮮味がなく内容がマンネリ化している、堅苦しい、役に立つことがない、早く家に帰りたいと思う、レポートを書かせる、時間が長い、時間を守らない、休憩がない、時間が遅くなる、宿題がたくさんある、発言に気をつかう、自分の発言で評価される、話し合う時間がない（少ない）、参加者同士が知り合えない、無駄な時間を過ごしたと感じる、疲れがどっと出る」など悪い研修会が多く見られます。一方、

「楽しい、ワクワクする、夢中になれる、興奮する、満足感を味わう、知らないことを知る、知識が広がる、発想が広がる、眼からウロコが落ちる、成果がみんなのもの、いい講師、明日

から使える、時間が短く感じる、人と知り合える、互いを理解し合える、仲間ができる、興味ややる気のある人の集まり、意欲がわく、技術の習得、参加することにより成長する、もう一度やりたいと思う、終わった後のビールがうまい、家に帰り家族・友人に話したくなる、一生の財産になる、自由に発言できる、形式的でない、活動的なプログラム」

などの要素を含んだいい研修会は、めったにお目にかかることができません（筆者が、しばしば研修会のはじめの段階で自分たちがつくりだす研修会はどちらにしたいか考えてもらうためにするブレーン・ストーミングから作成したもの。これだけ、いい研修会と悪い研修会の要素が明らかなら、悪い要素を廃し、いい要素を増やしていくことは可能なように思うのですが……。なお、教師を対象に研修をしているときは、「研修会」は「授業」に置き換えられませんか、と聞いてみると、皆さん納得してくれます）。

前者の悪い研修会の要素をできるだけ少なくし、後者のいい研修会の要素をふんだんに盛り込んだ研修を実施できるためのノウハウを提供することも、本書のねらいの一つです。

社会教育や生涯学習で期待される条件

ここで紹介するのは、第3章でも紹介する社会教育の事例の参加者たちが「いい研修会」と「悪い研修会」をテーマにしてブレーン・ストーミングをした結果です。なお、ここでの参加者たちは、職場も含めていろいろな研修会に出席した経験の豊富な人たちです。中には教師や、研修会などで講師役を務めている人たちも含まれています。まず、悪い研修会から紹介しますと、講演会型、動員型、イベント型、スケジュールをこなすだけ、参加者同士が知り合えない、振り返りやフォローがないといった研修会には、声高に「ＮＯ！」と言っています。

・悪い研修会

①意味のない研修――眠たい（講師のみが元気）／暗い、雰囲気が悪い／参加者が聞いているだけ／参加者が責任を持た（て）ない／前向きでない／質問がない／積極的でない／セミナー（研修）と講演会の違いがわかっていない／目的がはっきりしない／無計画／単発のイベント型研修／おもしろくない

②強制された（押しつけ的な）研修――動員がかかる研修／研修が単一の指向、レベル、方向性で展開されている／トップダウン的な研修

③出会い・発見がない――交流がない／参加者が知り合えない

④振り返りとフォローアップがない――事後フォローがない／研修自体で終わってしまう／継続性がない

⑤運営面で問題がある――スケジュールをこなすだけが目的になっている（実績のための研

修）／組織がオープン化していない／資料が多すぎ／事前資料が不足
⑥講師の問題――専門家がいない／自己満足の講師

「悪い研修会」とはコインの裏表の関係にある「いい研修会」の要素としてあげられたのは、次のような点です。

・いい研修会

①会の雰囲気がいい――楽しい／ワクワクする研修／なんでも言える
②得るものがある――終わった後で充実感がある／リフレッシュ／選択がある
③発見や出合いがある――未知なるものとの出合いがある／知り合いが増える／幅広い参加者がいる／人と人とのつながりが広がる
④参加者の主体的な参加――講師と参加者との上下関係がない／みんなが参加できる／参加の機会が均等に与えられる／少数意見が取り上げられる
⑤講師ではなく、コーディネーターの存在
⑥振り返りがある――自分の問題点が整理できて、新しい視点が得られる／さらに、一歩進める

⑦目的の共有と達成が図れる――研修（内容）をつくり上げることができる／研修に参加できない人たちも満足できる（→社会的満足）
⑧動きのある学び――講義だけじゃなく、からだや五感を使う／体験できる
⑨実践できる研修――理論に終わらないで、実践できるような研修
⑩研修で終わらず、つながる・広がる――参加者が主体的にかかわり、実践につなげられる／研修会を通じて輪ができ、情報交換が継続する／参加していない人たちに勧められる。誘いたくなる／得たものを他の人たちと共有できる
⑪参加しやすい条件――お金がかからない／誰でも参加できる（託児・手話など）

はたして、現在行われているたくさんの社会教育や生涯学習関連の事業で、これらのどれだけが満たされているでしょうか？　すでに、参加者たちは「悪い研修会」を拒否し、「いい研修会」を望んでいますから、早急に対応する必要に迫られているわけです。

上記の「いい研修会」のリストでほぼ網羅されつくしていますが、私があえて付け加えるとすれば、

①会の雰囲気がいい――「笑いがある」「ユーモア」「気取らない」「ありのままの自分が出

せる」
③発見や出合いがある――「自己発見」ないし「自分に変化が起こる」
④参加者の主体的な参加――「作業（話し合ったり、仕事）をしているのは参加者」
⑦目的の共有と達成が図れる――「主催者も楽しんでいる、学んでいる」
⑩参加しやすい条件――「便利な会場」

くらいです。

それぞれの分野でかなり明確な「あるべき姿」はイメージできているのですから、必要なのはそれを実現するための方法論ということになります。

第2章

よりよい「学び」をつくるための5つのポイント

第2章では、よりよい「学び」をつくりだすためにどうしても欠かせない点を、五つに絞って紹介します。それは、(1)人の捉え方に基づいた「人間関係の築き方」、(2)最近著しい脳の機能の解明から導き出された「学びの原則」、(3)教え方は、人の学び方を踏まえたものでなければならないので「学び方のスタイル」、(4)人の能力は多様であるという理論に基づいた「マルチ能力」、そして、(5)「学ぶことは変わることである」とすれば「変化」についてもしっかり認識しておく必要があるので「変化の原則」の五つです。それぞれについて、あなたがどのような立場を取っているか、学び方をしているか、あるいは能力を持っているか、信じているか、といったことを振り返りながら読み進んでいただければ、と思います。

1 人間関係をどう築くか

性善説と性悪説に立った「人の捉え方」

人をどう捉え、そしてどのような人間関係を築いていくか、ということは単に「教える・学ぶ」という分野に限らず、あらゆる分野の根本に横たわっている重要なテーマです。

人の捉え方でよく使われるのが、ダグラス・マグレガーの「X理論とY理論」です。X理論は性悪説に、Y理論は性善説に立っているわけですが、これまでの学びの場における人の捉え方は、どちらが主流だと思いますか？

どっぷりX理論の中に浸かっていると、教える側も教えられる側も「教える・学ぶ」とはこんなもの、というふうに思い込んでしまい、何の違和感も感じなくなってしまいます。しかし、それではY理論の一番最後に書いてあるように（表1）、自分たちの能力や可能性のほんの一部しか、使ったり気づいたりすることができません。とても残念なことです。

なお、カール・ロジャーズも、マグレガーのX理論とY理論に酷似した教育の見方を提示していますので、並べて紹介します。

教える側の姿勢で結果は大きく変わる

アンドリュー・ポラードは、子どもたちを目の前にして毎日授業をしなければならない学校の教師たちが抱えているジレンマを、表2のようにまとめています。自分がどのような姿勢を取るかで、まったく異なる結果をもたらすことになるわけですから、重要な選択です。あなたの捉え方はどちらに近いですか？

当然のごとく、どのような選択をしたかによって、自ずと教師の役割も違ったものになります。表3では、三つのタイプの教師の役割とそれに対応して生徒がすることが紹介されていま

表1 人の2つの見方

X理論（マグレガー）	今の教育が前提としていること（ロジャーズ）
・人は働く（勉強する）のが嫌い。可能な限り避けたいと思う。	・生徒が主体的に学ぶことは期待できない。
・目的を達成するためには、操ったり、操作したり、管理することが必要。	・説明したことイコール学んだこと。
	・教育のねらいは、知識を積み上げていくこと。
・人は責任を回避して、指示される方を好む。大した夢は持たずに、安定志向が強い。	・すでに真実は知られている（何も新しいことなどない）。
	・創造的な人は、受け身的な生徒から生まれる。
	・評価が教育であり、教育は評価である。
Y理論（マグレガー）	**体験重視の学習が前提にしていること（ロジャーズ）**
・肉体的・心理的な努力は、遊びや休息と同じぐらいに自然な営みである。	・人は学ぶために、持って生まれた才能を備えている。
・コミットメントさえあれば、目的の達成のために自制したり、自分でやり方を決められる。	・意味のある学びは、生徒が自分の目的に関係したと思えたときに起こる。
・目的達成へのコミットメントは、それを成し遂げたときに味わえる達成感に比例している。	・多くの意味のある学びは、体験することによって得られる。
・適当な環境さえ提供されれば、人は責任を取ることも学べる。	・生徒が学びのプロセスに参加することによって、学びは促進される。
・組織の問題を解決するための想像力／創造力は、多くの人が持っている。	・知性だけでなく、感情も踏まえて主体的に学んだときはよく学べる。
・今のシステムの中では、人々は自分たちのほんのわずかな能力しか使うことができないでいる。	・他人に評価されるのではなく、自ら評価するときに一番創造的な学びがもたらされる。
	・今の世の中で一番大切なことは、学び方を学ぶこと、体験することにオープンであること、変化のプロセスの中に自分の身をおけることである。

（出典：The Adult Learner: A Neglected Species, Malcolm Knowles, Gulf Publishing, 1973, with permission from Elserive）

表２ 生徒の捉え方

生徒を一人の人間として捉える	生徒を子どもとして捉える
個々人として捉える	クラス全体として捉える
いつ、何をするか、どう評価するかも部分的には生徒に委ねる	いつ、何をするか、どう評価するかは教師がコントロールする
やることに意義を見いだしてもらう	餌で釣る。テストのためにする
何を学ぶかは生徒の関心を踏まえて話し合いで決められる	専門家が決めた内容を、教科の枠で教える
教科は統合された形で扱われる	教科ごとに系統的に教える
質が大切	量が大切
表現力、思考力、創造力が重視される	基礎・基本（知識）が重視される
個々の自立（責任）と協力が重視される	おとなしく言われたことをすることが重視される
多様性が尊重される	１つのやり方（文化）の共有
全体、グループ、ペア、個別の多様な授業	一斉授業中心
柔軟な対応	規則は規則
多様な生徒との関係（教師、コーチ、友だち）。生徒が教師になることも	教師は教師
学ぶことは生徒の責任、教師はサポート役	教えることは教師の責任
継続（段階）的な評価の重視	試験による最終評価の重視
学びは教室の中に限定されない	授業は教室の中に限定される

（出典：Reflective Teaching in the Primary School, 3rd Edition, Andrew Pollard, Cassell, 1997）

表3　教師の役割と生徒のすることの相関関係

教師の役割と教師がすること	生徒がすること
・伝統的な教師 教える／示す／質問する	聞く、見る、受け取る、反応する、ノートを取る、質問する、答える
・コーチ フィードバックする	理解を促進する、スキルを伸ばす、考える、練習する、再度試してみる、振り返る
・ファシリテーター（=進行役） 見守る、聞く、観察する、フィードバックする、問いかける、サポートする	つくりだす、検証する、意味を追求する、比較する、導き出す、定義する、一般化する、協力する、教える、説明する、聞く、質問する、仮説を立てる、データを集める、分析する、関連を導き出す、まとめる、問題を解決する、評価する、振り返る、考え直す、予想する、考える、話し合う

（出典： Understanding by Design, Grant Wiggins and Jay McTighe, ASCD, 1998）

す。

なお、表2と表3は学校の生徒たちを対象につくられたものですが、大人を対象にした研修や社会教育でも同じことが言えます。

2　学びの原則

「学び」の質と量を左右する九原則

過去二十年ぐらい脳の機能に関する研究が飛躍的に進歩し、たくさんのことがわかってきています。それは、人が教えたり、学んだりするときの誤解を正してくれたり、おぼろげながら気づいていたことに確証を与えてくれたりしています。脳の機能の研究と並んで、学びの原則をまとめるにあたって参考にしたのが、小学校に入る前までの子どもたちの「自然な学び方」

です。しかし、よかれと思って（それとも、単なる悪しき習慣だけなのかもしれませんが）小学校以降で延々とやり続けている学び方は、この幼年期の学び方とは対照的な部分ばかりが目立ちます。なぜこんなことになってしまったのか、次のリストを見れば目を疑いたくなるくらいです。

①人は皆、常に学んでいる
②安心して学べる環境が大切である
③積極的に参加できるとよく学べる
④意味のある内容や中身を扱うことでよく学べる
⑤選択できるとよく学べる
⑥十分な時間があるとよく学べる
⑦協力できるとよく学べる
⑧振り返りとフィードバックがあるとよく学べる
⑨互いに讃え合ったり、教え合える機会があるとよく学べる

いずれにしても、九つの「学びの原則」を踏まえた形で教えるのと、無視した形で教えるの

とでは、「学び」の質も量も大きく違ったものになってしまいます。一つひとつの項目をジックリ読んでいただき、賛同できるのか、それとも違和感を持つのか、確認してください。しかし、繰り返しますが、これらは私の考えではありません。「私たちの脳はどう機能しているのか」ということから導き出されたものです。

「学びの原則」に従った教え方とは

これらの原則を教え方に置き換えると、次のようになります。

①人は皆、常に学んでいる

ただ、各自の学び方や学ぶスピード、あるいは持っている能力は違います。さらには、動機も違います。従って、教える側には、この後で紹介する「学びのスタイル」や「マルチ能力」を含めた、多様な教え方が求められます。

②安心して学べる環境が大切である

人は頭だけでなく、こころやからだを使って学びます。従って、脅威のない安心できる環境が大切です。さらに言えば、楽しい方がよく学べます。そのためには、人間関係を含めた、サポーティブな環境や雰囲気を提供することが求められます。

③積極的に参加できるとよく学べる

中には、単に聞くだけ、あるいは読むだけで学べる人もいますが、多くの人は主体的に動いたり、考えたり、体験することでよく学べます。そうなると、教師や講師の役割は、知識をいかにわかりやすく伝えるかではなく、生徒や受講者に知識を自らつくりだしてもらうために、いかに刺激的な投げかけをするかが大切になります。同じことは、技能や態度を身につける場合にも言えます。

④意味のある内容や中身を扱うことでよく学べる

赤ちゃんも含めて、人は白紙の状態から学ぶのではなく、それまでの体験や知識を踏まえて学びます。ですから、学ぶ内容が自分にとって意味があると思えたり、身近に感じられることが条件になります。

⑤選択できるとよく学べる

与えられたものをこなすよりも、自分が選んだものの方がよく学べます。小学生たちですら、何を、どう学び、どう評価するかの選択まで参加できますし、実際にそうしたときの方がよく学べます。換言すれば、生徒たちを信じて、学びの責任を委ねるのです。その際、高い期待を生徒たちに示し、簡単にできてしまう選択だけでなく、努力すればできるレベルのものを提示することが肝要です。

⑥十分な時間があるとよく学べる

たくさんのことを短時間でカバーするだけでは、よく学べません。身につくまで十分な練習ができることが大切です。

⑦協力できるとよく学べる

競争させたり、バラバラで学ぶときよりも、協力できるときの方がはるかによく学べます。「今日、何人かでできたことは、明日は一人でできる」のですから、チーム学習をこれまで以上に活用することが求められます。

⑧振り返りとフィードバックがあるとよく学べる

自分自身で頻繁に振り返ることと、教師・講師や他の生徒からのフィードバックがあるとよく学べます。

⑨互いに讃え合ったり、教え合える機会があるとよく学べる

よく学べたときは、みんなで祝ったり、ほめ合うことが大切です。他の人に教えるチャンスが与えられると、よりよく学べるし、さらに意欲がわきます。従って、教師・講師の役割は、生徒・受講者にこそ教えてもらう機会をいかに多くつくりだすかが重要になります。

3　学びのスタイル

学習者に合った教え方が重要

“learning style”の日本語訳である「学習スタイル」「学びのスタイル」「学び方のスタイル」をインターネットで検索しましたが、ここで紹介しているようなことに関する情報は一切載っていませんでした。右の三つのどれでもいいと思いますが、ここでは「学びの原則」に合わせて、「学びのスタイル」にしました。

「学びのタイプ分け」は、一九二一年にユングによって提唱された八つの「心理的タイプ」にさかのぼることができます。それ以降様々な「学びのモデル」を唱えた人たちは一〇組程いま

す（Marching to Different Drummers, 2nd Edition, Pat Burke Guild & Stephen Garger ASCD, 1998）。ここで紹介する四つは、その中で最も単純、かつわかりやすいものです。

なお、いずれの分類も学習者にレッテルを貼ることを目的にしているわけではないことを強調しておきます。少なくとも四つ、多くて一八通りくらいの捉え方をすることによって、学習者を多様に捉えようとすると同時に、その多様な学習者に対応するための多様な教え方を教える側が持っていないと、よく教えることはできない、というメッセージを重く受け取っていただきたいと思います。

コルブのモデル――わかりやすい学び方の四分類

デイヴィッド・コルブは、人は体験的に学ぶという前提のもとに、情報の認識の仕方を縦軸に、情報の加工方法を横軸に取って、四分円モデルをつくり上げました。

以下で紹介するのは、これをわかりやすくするためにアレンジして、特に学校の先生たちを対象にした研修のときに私が使っているものです。

「最もわかりやすい学びのスタイル」のコルブのモデルでは、人の学び方を大きく四つのタイプに分けています。それは、①見たり（観察したり）、聞いたり、読んだりして学ぶタイプ、②じっくり考えることによって学ぶタイプ、③動いたり、実際に試してみることによって学ぶタ

図１　コルブのモデル

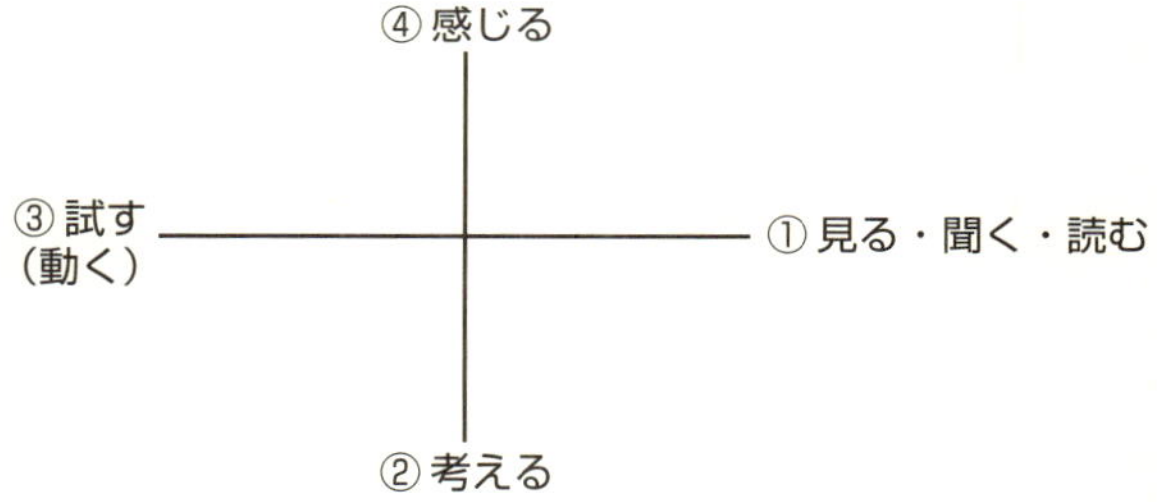

イプ、④フィーリングや感情、直感などを大切にする形で学ぶタイプ、です。私の小学校一年生の通知票には「落ち着きがなくて、こまる」といったニュアンスのことが書いてあったように記憶しています。理由は、先生が黒板に何かを書いている間に教室を抜け出して、他の教室ではどんなことをしているのかを視察して、戻ってくるようなことをひんぱんにやっていたような記憶もあるからです。要するに、①や②のタイプの学び方ではなく、③のタイプの学び方が得意だっただけなのかもしれませんが、先生からすれば、「落ち着きがなくて、こまる」としか言いようがなかったのかもしれません。近年は学校でも私のようなタイプの学びを持っている子どもたちにも、少しは優しくなりつつある兆しがあるようです。「体験学習の大切さ」を唱え始めていますから。しかしながら、教室という場は依然として「タイプ①」の学び方をする子どもたち以外にとっては、よく学べない教え方が主流であることは否定できないと思います。

なお、このタイプ分けは、一人の人が一つのタイプに完全に当てはまるというのではありません。「私も年を取ったせいか、今は『タイプ①』の読んだり、『タイプ②』のじっくり考えることもやれるようにはなっていますから」と説明した後で、研修会の参加者に、自分はどのタイプが中心的（得意な）学び方だと思うかを聞いてみます。すると、若干「タイプ④」の人が少なめなぐらいで、たいていの場合、約四分の一ずつに分かれます。この結果を得たうえで、「私たちの得意とする学び方は一つではなく、大きく四種類存在していることが明らかになりました。しかし、先に述べたように学校では『タイプ①』の学び方、つまり子どもたちに見たり、聞いたり、読んだりさせる教え方が主流です。これは何を意味するのかというと、教師たちの四分の三もが自分自身の〝得意な学び方〟とは異なる方法で、実際に子どもたちに教えているということになります。このことに気づくことなく、『学ぶ＝見る、聞く、読む』といった暗黙の了解がなされているのが現在の学校ではないでしょうか？　これは、少なくとも四分の三の子どもたち（と同時に、教師たち）にとって極めて不幸な状態です」とつけ加えます。

なお、体験的な学習の提唱者でもあるコルブは、これらのうちどれか一つだけで学ぶのではなく、四つを順番にカバーする形で学んだ方がよく学べると言っています。

グレゴークのモデル――好み、得意に着目した四分類

図２　グレゴークのモデル

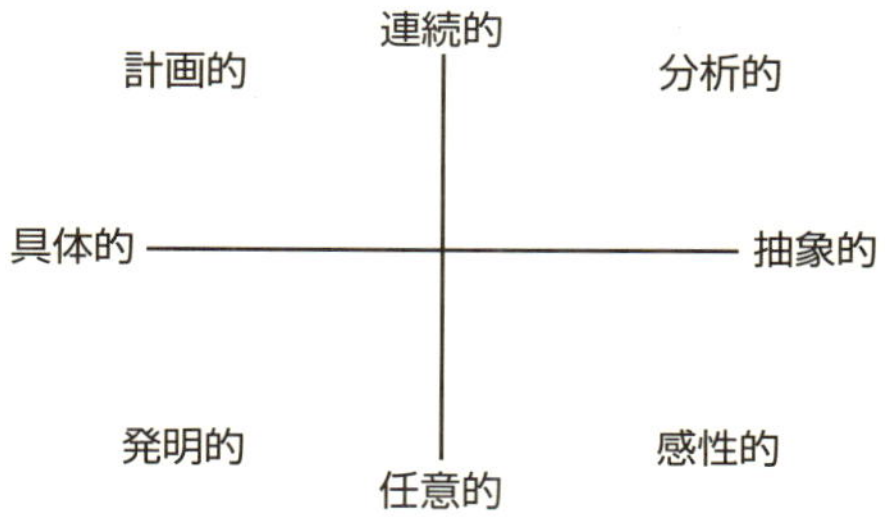
連続的
計画的
分析的
具体的
抽象的
発明的
感性的
任意的

アンソニー・グレゴークも、コルブと同じように、情報の認識の仕方を横軸に、処理の仕方を縦軸にとって、図２のようなグラフが描けるようにしました。

もちろん、人は誰でも具体的に（五感で）も、抽象的に（理性や直感で）も認識できますし、連続的（系統的、組織的）にも、任意的（非連続的、全体的）にも処理することができます。しかし一方、好みというか、得意不得意もあります。

計画的（具体的・連続的）なスタイルに対しては、実験や社会見学などの体験学習や、プロジェクト学習などが効果的とされています。

分析的（抽象的・連続的）なスタイルは、実験などの体験よりも本や話し合いを通した学びが主流になります。生徒には、広く本などを通して情報を集め、分析・評価し、論理立てて自分の考えを主張することが求められます。

感性的（抽象的・任意的）なスタイルは、子ども中心の学びを標榜する教師に最も受け入れられています。子どもたちのセルフ・エスティーム（自尊感情）や互いに協力すること、あるいは芸術的なことや創造的なことなどが重視されます。教え方としてはテーマ学習を中心に据えて、子どもたちが楽しく、かつ身につく形で学べるように提示されます。

発明的（具体的・任意的）なスタイルは、「発明」や「発見」や「選択」ということばで代表されるような教え方・学び方が展開されます。既存の知識や枠組みにはとらわれない教え方であり、学び方と言えます。

グレゴークのモデルも、子どもたちだけではなく、すべての人に当てはまるモデルとして開発されました。

4MATシステム――右脳・左脳の機能の違いを盛り込む

コルブのモデルを基本にしながら、右脳・左脳の機能の違いを加味したのが、ベーニス・マカーシーの「4MATシステム」と言われているものです（近年の急激な脳の機能の解明に伴い、最近ではあまり右脳・左脳を強調する人は少なくなっています。ことさら右脳と左脳を分化して考えるほど、私たちの脳は分かれていないようなのです。しかしながら、人を教える際にこの考え方は、十分に参考になるのではないかと思います。左脳は、言語的、論理的、分析的、直線的、部分的思考をつかさどっていると言われています。それに対して右脳は、直感、イメージ、芸術、情緒、全体的

図3 4MATシステムのモデル

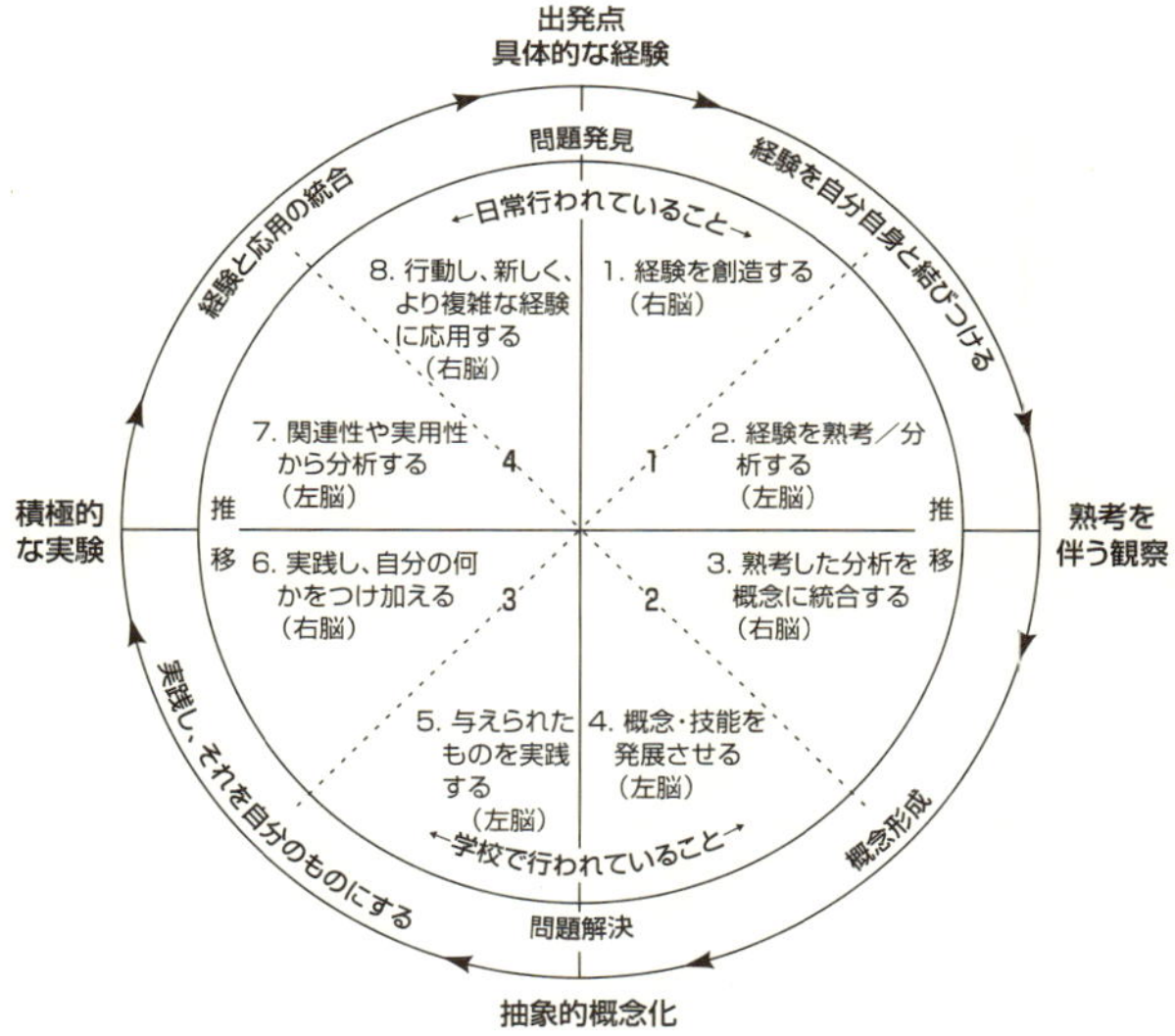
出発点
具体的な経験
問題発見
経験を自分自身と結びつける
←日常行われていること→
1. 経験を創造する
（右脳）
2. 経験を熟考／分析する
（左脳）
熟考を伴う観察
推移
3. 熟考した分析を概念に統合する
（右脳）
4. 概念・技能を発展させる
（左脳）
概念形成
←学校で行われていること→
問題解決
抽象的概念化
5. 与えられたものを実践する
（左脳）
実践し、それを自分のものにする
6. 実践し、自分の何かをつけ加える
（右脳）
積極的な実験
推移
7. 関連性や実用性から分析する
（左脳）
8. 行動し、新しく、より複雑な経験に応用する
（右脳）
経験と応用の統合
1
2
3
4

（出典：『地球市民を育む学習』）

思考など、言葉を介さないパターン認識や創造力に優れているとされています）。

マカーシーは、「シカゴの郊外に住む十七〜十八歳の高校生を対象に調査をしたところ、四つの学習スタイルに属する生徒の数が、ほぼ同じ割合を占め、男女の割合も同じこと、また具体的な体験の領域を好む者がまだ六割いたこと、さらには左脳中心思考（二八パーセント）や両脳思考（二五パーセント）よりも、右脳中心思考（四六パーセント）が多いことを発見しました」（『地球市民を育む学習』〈グラハム・パイク＆デイビッ

図４　4MATシステムのエネルギーについての授業への応用

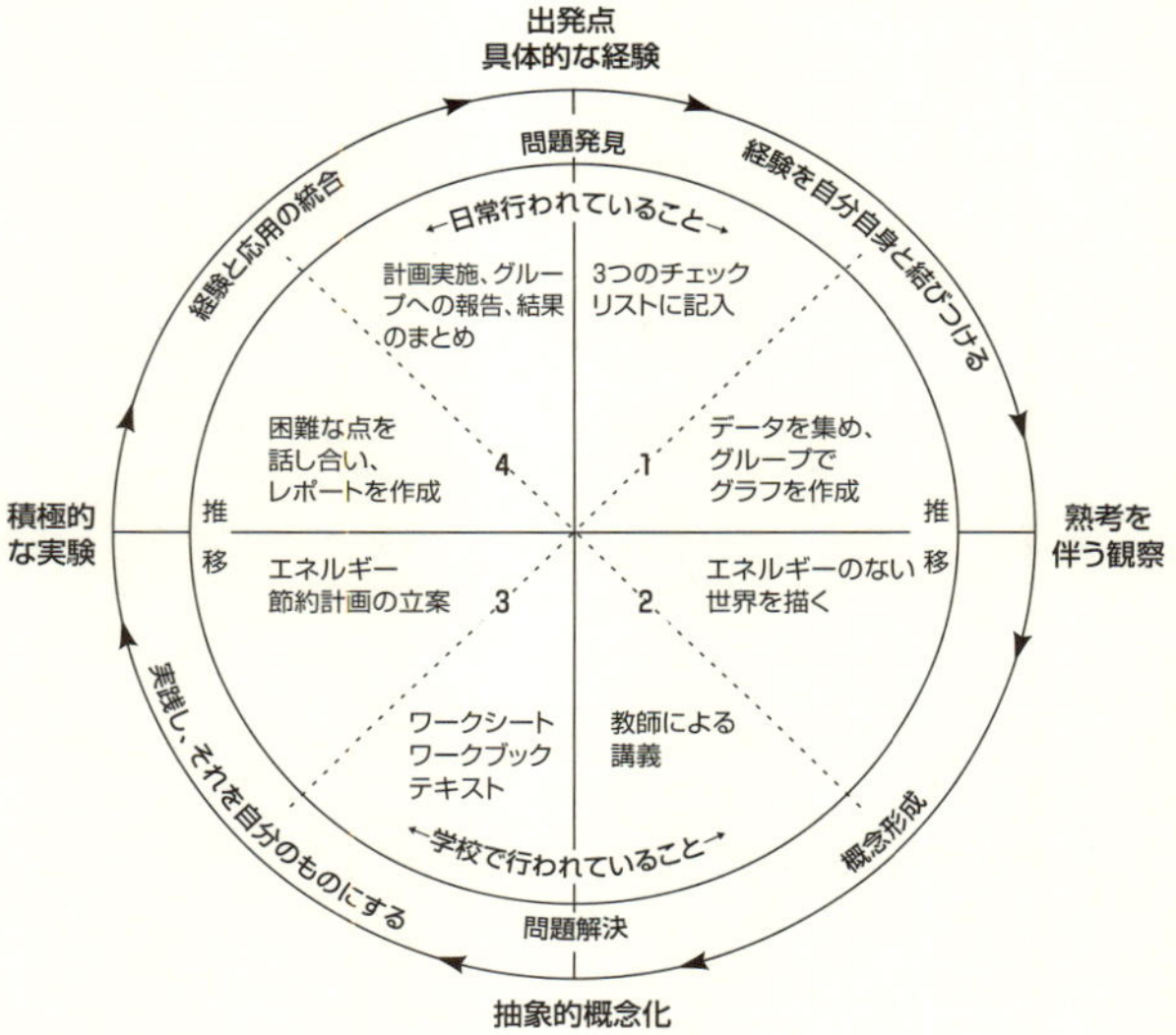
出発点
具体的な経験
問題発見
経験を自分自身と結びつける
熟考を
伴う観察
概念形成
抽象的概念化
問題解決
実践し、それを自分のものにする
積極的
な実験
経験と応用の統合
←日常行われていること→
←学校で行われていること→
計画実施、グループへの報告、結果のまとめ
3つのチェックリストに記入
困難な点を話し合い、レポートを作成
データを集め、グループでグラフを作成
エネルギー節約計画の立案
エネルギーのない世界を描く
ワークシート
ワークブック
テキスト
教師による講義
推移
推移
1
2
3
4

（出典：『地球市民を育む学習』）

ト・セルビー著、中川喜代子監修、阿久澤麻理子訳、明石書店、一九九七年〉）。これらの結果は、学校が主に左脳型・抽象的な教育を行っていることを考えると驚くべきことだ、と結論づけています。そして、自分に合ったスタイルで学べない生徒は、一定の基準に到達できなかったり、セルフ・エスティームの低下を招いたり、失敗、ストレス、疎外感などを持つ危険があることも指摘しています。

４ＭＡＴシステムの特徴は、四つのスタイルを循環的に学習する複合的な方法を提示している点にあります。「円を時計にみたてて、十二時にあたるところの具体的経験からはじめ、右回りに進めば、次に、熟考を伴う観察に至ります。そこから抽象的な概念化、さらに積極的実験へと進み、再び、最初からはじめるときには、豊かな経験によって、そのらせんの幅もこれまでより拡がっているはずです」と彼女は記しています（『地球市民を育む学習』前掲）。

図4は、図3を中等学校でエネルギーをテーマに取り上げて行った科学の授業の様子を表したものです。

学びの星モデル――企業幹部の「学び」から考案された方法

このモデルは、教育畑でなく、企業の幹部たちの学び方（および問題解決の仕方）を調べる過程で生まれたものです。企業のトップ・マネージャーたちは、①考えたり、②自分の現状を振り返ったり、③行動したり、④観察したり、本で学習したり、⑤他の人たちから学ぶといった五つの方法を取るというものです。コルブのモデルと似ている部分も多いのですが、違う点に関してはさすが苦労をして組織のトップに上りつめた人たちならではの方法と思わせてくれます（注1）（The Learning Edge: How Smart Managers and Smart Companies Stay Ahead, Calhourn W. Wick, McGraw Hill,1993）。

（注1）このモデルは、「VAKモデル」や「SAVIモデル」との共通点もあります。VAKモデ

ルは、ジョン・グリンダーとリチャード・バンドラーが、人はVisual（視覚）、Auditory（聴覚）、Kinesthetic（からだの感覚）のいずれかに情報を受け取る際に傾倒する傾向があるとしたものであり（『魔法の構造』トマス・コンドン監訳、尾川丈一他訳、亀田ブックサービス、二〇〇〇年より。原著の刊行は一九七六年）、SAVIモデルはデイヴ・マイヤーが、Kinestheticを Somatic（からだを動かして学ぶこと）に置き換え、Intellectual（問題解決や振り返り）を加えたものです（The Accelerated Learning Handbook, 前掲）。Iは「学びの星」モデルの「考えたり、振り返ったり」に、SないしKは行動したりに、Vは観察したり、本を読んで学習したりに、Aは他の人たちと話すことによって学ぶことに相当すると考えられますから、同じモデルと解釈できます。

多くの人は、うまくいかないときは、同じことを繰り返したり、一層努力してなんとかやり遂げようとしますが、求められていることはこれまでにまだ試されていない、まったく異なるアプローチを試みることではないか、とこのモデルの考案者は結論づけています。

以上、四つの学習スタイルのモデルを紹介しましたが、この次に紹介する「マルチ能力」についても同じように言えることは、これら様々なスタイルがあることを学習者も教師・講師も理解することの大切さです。学習者は、それらを理解することによって、自分の得意なものをさらに伸ばし、不得意なものは補い方が見えてくるかもしれませんし、必要以上に落ち込むこ

図５　学びの星モデル

他の人たちから学ぶ
観察する
考える
学びの星
行動する
振り返る

（Calhoun Wick, THE LEARNING EDGE © 1997, McGraw-Hill The material is reproduced with permission of The McGraw-Hill Companies.）

とも避けられるでしょう。また、誰にも得意・不得意があることを知ることによって、ユニークな自分や他者の存在にも気づくことができ、それを尊重する意識も育つことでしょう。

教師・講師は、自分が教えられた教え方か、自分の得意な学び方で教えがちです。しかし、少なくとも半分ぐらい、場合によっては四分の三の学習者は、それではよく学べないことをまずは認識すべきです。そして、**多様な学び方を持った学習者に対処できる多様な教え方を身につける必要があります。**このとき、他のスタイルを努力することによって取り入れられる人と、なかなか取り入れられない人がいるかもしれません。後者の場合は、チーム・ティーチングや進行役を別に設けてもらうことなどで補わないと、多くの学習者にとって不幸な状況が続いてしまうことを意味します。

4 マルチ能力

人間が生きるために使う八つの力

「マルチ能力」は、大人たちがどのように生き、どのような能力を活かして生活の糧を得ているのかを調べ、整理した結果に基づいて生まれた理論です。(注2) マルチ能力では、能力をこれまでのように狭く捉えるのではなく、人間が生きるために使う多様な力として定義しており、現時点では以下の八つがあげられています(カッコ内は、その能力を使って仕事をしている代表的な職業の例です)。

言語能力(作家、ジャーナリスト、編集者、落語家、政治家など)
論理的―数学的能力(科学者、コンピュータ・プログラマー、数学者、税理士など)
空間能力(漁師、インテリア・デザイナー、建築家、画家、漫画家、発明家など)
身体―運動能力(俳優、運動選手、ダンサー、職人、彫刻家、機械工、外科医など)
音感能力(演奏家、歌手、作曲家、音楽評論家など)

人間関係形成能力（企業の役員、優秀なセールスマン、カウンセラー、看護師など）
自己観察・管理能力（起業家、プランナー、聖職者など）
自然との共生能力（植物学者、昆虫学者、農家、自然愛好家など）

あなたが、これらの能力の中で自分が秀でている、ないし得意と思えるのはどれですか？ 私の場合は、空間能力と身体―運動能力です（後者は、年を取るとともに陰りが見え始めている気はしていますが）。大学時代に都市工学を学び、就職してから最初の十年ぐらいは都市計画や地域計画の仕事に携わったのは、まさに空間能力が活かされての選択だったと思います。また、一度行った場所は、忘れたくても忘れられませんし、物事や人も場所に関連づけて覚えていることに、このマルチ能力の存在を知ってから気がつきました。それが、いつのまにか、教育・研修や組織開発の方に関心がシフトしてきてしまいました。自分でも気づいていなかった能力が私の中に眠っていたのでしょうか？ それとも、人間というのは興味・関心さえ持てれば、潜在的に持っている能力などとは関係なしに、なんでもできてしまうのでしょうか？

多様なアプローチを無視すると「学び」は伸びない

このマルチ能力の提唱者であるガードナーが言っている「人間は一人ひとりの違いを尊重す

ることが大切であること、人によってその人に合った学び方が多様に存在すること、人を評価する方法は実にいく通りものやり方があり、そして、人がその足跡を残す方法もまた無限にあるということ」には私も大いに賛同するのですが、残念ながらわが国の学校教育や研修などを含めた成人教育の場で行われている学びは、彼が言っているような「違い」や「多様さ」をほとんど無視しているのが現状です。

例えば、「誤解・偏見・差別」をテーマにした授業や社会教育の講座をする場合、教師や講師がそれらの問題について語って聞かせるというのが通常のやり方です。しかし、マルチ能力の発想だと、図6のように少なくとも八つのアプローチがあり、それぞれの能力を使ったアプローチもまた複数の方法が考えられますから、選択肢は無限とは言わないまでも、極めて多様になります。教える側や学ぶ側が、これらの多様な方法を意識するのか、それとも従来の狭い枠の中でしか教えたり学んだりしないのかでは、学びの質も量も大きく違ったものになってしまいます。なお、このことは評価の方法にも言えることです。今盛んに行われている学力低下論争も、ガードナーが指摘しているように言語能力と論理的—数学的能力（しかも、暗記の量の多い少ない）のみが念頭にあるだけで、他の能力はまったく無視されています。非常に悲しいことです。

（注2）ハワード・ガードナーのマルチ能力関連の著書のうち日本語に訳されているのは、『MI—

図6 「誤解・偏見・差別」をテーマにした教え方・学び方

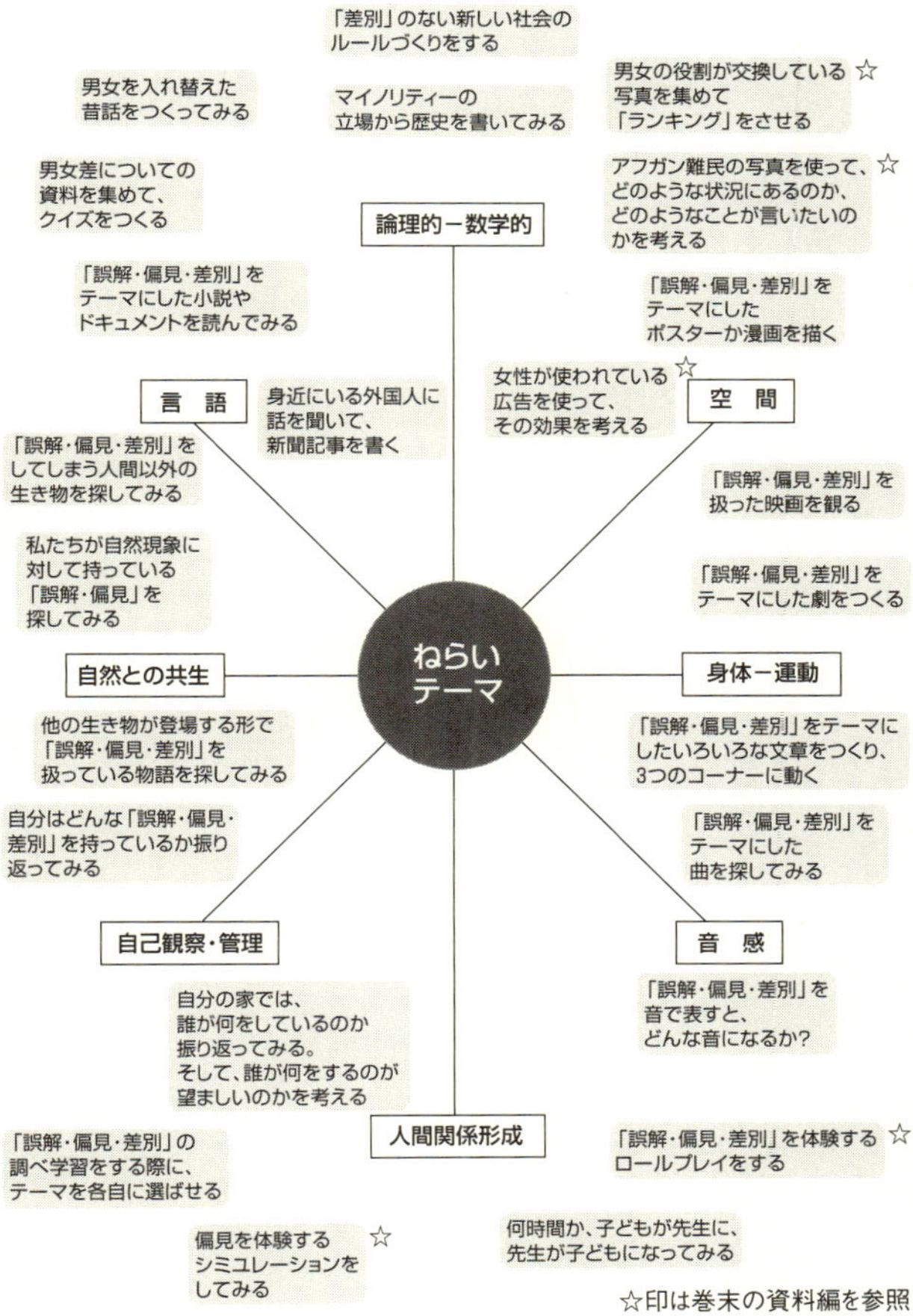
「差別」のない新しい社会のルールづくりをする
男女を入れ替えた昔話をつくってみる
マイノリティーの立場から歴史を書いてみる
男女の役割が交換している☆写真を集めて「ランキング」をさせる
男女差についての資料を集めて、クイズをつくる
アフガン難民の写真を使って、☆どのような状況にあるのか、どのようなことが言いたいのかを考える
論理的ー数学的
「誤解・偏見・差別」をテーマにした小説やドキュメントを読んでみる
「誤解・偏見・差別」をテーマにしたポスターか漫画を描く
女性が使われている☆広告を使って、その効果を考える
言　語
身近にいる外国人に話を聞いて、新聞記事を書く
空　間
「誤解・偏見・差別」をしてしまう人間以外の生き物を探してみる
「誤解・偏見・差別」を扱った映画を観る
私たちが自然現象に対して持っている「誤解・偏見」を探してみる
「誤解・偏見・差別」をテーマにした劇をつくる
ねらい
テーマ
自然との共生
身体ー運動
他の生き物が登場する形で「誤解・偏見・差別」を扱っている物語を探してみる
「誤解・偏見・差別」をテーマにしたいろいろな文章をつくり、3つのコーナーに動く
自分はどんな「誤解・偏見・差別」を持っているか振り返ってみる
「誤解・偏見・差別」をテーマにした曲を探してみる
自己観察・管理
音　感
自分の家では、誰が何をしているのか振り返ってみる。そして、誰が何をするのが望ましいのかを考える
「誤解・偏見・差別」を音で表すと、どんな音になるか?
人間関係形成
「誤解・偏見・差別」の調べ学習をする際に、テーマを各自に選ばせる
「誤解・偏見・差別」を体験する☆ロールプレイをする
偏見を体験する☆シミュレーションをしてみる
何時間か、子どもが先生に、先生が子どもになってみる

☆印は巻末の資料編を参照

（出典：『「マルチ能力」が育む子どもの生きる力』トーマス・アームストロング著、小学館、2002年）

個性を生かす多重知能の理論』（松村暢隆訳、新曜社、二〇〇一年）と『多元的知能の世界―MI理論の活用と可能性』（中川好幸他訳、日本文教出版、二〇〇三年）です。私自身は、ガードナーの本はあまりに理論的すぎてよく読めませんでした。頭の構造が、理論的・抽象的思考に向いていないからだと思われます。マルチ能力の理論を実際に教室の現場に応用した本として『「マルチ能力」が育む子どもの生きる力』（トーマス・アームストロング著、小学館、二〇〇二年）があります。こちらは子どもに教えることをテーマにした本ですが、もちろん大人を対象にしても利用できる内容になっています。

5 変化の原則

ムダを省く七つのポイント

組織の中での学びを考える際には当然のことながら、個人のレベルの学びを考えるときも、「変化の原則」を知っておいた方が、はるかにスムーズに、しかもムダも可能な限り減らす形で学びの場をつくりだせることになります。

この原則を整理したところ、次の七つになりました。ちなみに、「変化」と「学び」を置き換えても、ほとんどそのまま使えると思います。

①変化は、プロセスである
②変化は、個人よりもチームが対象の方が効果的である
③変化には、コミュニケーションが大切である
④変化には、サポートが大切である
⑤変化は、バランスがとれているときは起こらない
⑥変化には、大きいビジョンと段階的な目標が大切である
⑦変化には、学びが伴うものである

以下、一つひとつ解説を加えます。

①変化は、プロセスである

私たちは、変化をイベントとして位置づけている節《ふし》が多分にあります。あるいは、変化を起こすことを決めることと、実際に変化を達成したことを混同してしまっている場合すら見かけます。変化は、時間がかかりますし、準備も必要です。常に右肩上がりに直線的に変化するものでもありません。理想は、らせん状に上昇していくイメージかもしれませんが、変化の最中には、たくさんの要因に影響されますから、一時的に下降線をたどることもあり得ます（「変

化に影響を与える様々な要因の相互関係」や「個人レベルおよび組織レベルの変化のプロセス」については、拙著『校長先生という仕事』〈平凡社新書〉の一六七〜一七〇ページをご参照ください）。

また、変化のプロセスで、どのような方法を選ぶかは結果を左右する極めて大きな判断なのですが、可能な方法を網羅的にあげたうえで周到に選択されることは稀で、決して効果的とは言えない方法を習慣的に実施しているケースが多いのも現状です。

②変化は、個人よりもチームが対象の方が効果的である

私たちは、変化の「単位」を個人に限定してしまっているケースが多すぎます。それは、トップダウンないしボトムアップのやり方で、組織が変わるという旧来の考え方の虜になっているからかもしれません。確かに、変化は、個人と組織の両方に影響を与え、組織が変わることと個人が変わることは、コインの裏表の関係ではあるわけですが、もっと「単位」としての「チーム」の可能性に目を向けるべきです。当然のことながら、一人で変わる努力をするよりも、仲間やチームの方が楽ですし、楽しくもあります。

③変化には、コミュニケーションが大切である

変化は、うまくいくよりも、いかないときの方が多いぐらいです。その意味では、変化には

対立がつきものと思っていて間違いありません。変化を求める者と現状を維持したいものの間で——。それを乗り越えるには、コミュニケーションは極めて重要ですし、それと相俟《あいま》って存在する信頼関係も欠かせません。さらには、会議や意思決定の効果的な方法や、対立解消のための様々な態度や方法を身につけておく必要もあります。

④　変化には、サポートが大切である

変化は、上から押しつけられたときであろうと、自らが進んで取り組むときであろうと、サポートが必要です。しっかり自分のものにするために練習する時間が欠かせないからです。実際にしたことの振り返りや、分析に対するフィードバックという形のサポートが得られると、さらに効果的です。

⑤　変化は、バランスが取れているときは起こらない

当然のことながら、バランスが取れているときは現状が維持されます。従って、変化を起こすためにはバランスを崩す必要があります。その方法としては、現状を批判的に見ることや、「なぜ？　なぜ？　なぜ？」と問いかけて考えてみる方法などがあります。

私たちは、変化を起こすことは極めて政治的なプロセスだということを認識する必要もある

かもしれません。同じレベルで、変化を起こさないで現状を維持することも、極めて政治的な選択なのです。

⑥ 変化には、大きいビジョンと段階的な目標が大切である

私たちは、「そうありたい」と強く願う姿をイメージできると、打ち込んで事に当たれます。あるいは、変化の理由や目的がはっきりすることで、コミットできます。逆に、それがない場合は、ほどほどにしか取り組めません。つまり、自ら起こす変化と与えられる変化があるということです。前者の方がいいに決まっています。その意味で、単に意味を感じられるレベル以上の、達成感を味わえるレベルの目標設定が大切になります。それも、最初から大きすぎる目標に挑むのではなく、確実に成果をつくりだし、段階的に成功を収めながら進めていくことが効果的です〈効果的なビジョンや目標のつくり方については、『エンパワーメントの鍵』〈クリスト・ノーデン・パワーズ著、実務教育出版、二〇〇〇年〉をご参照ください〉。

⑦ 変化には、学びが伴うものである

というよりは、「学びが変化に先行しなければならない」と言った方が正しいと思います。そうでないと、変化の激しい社会の中で変化に振り回されることにもなりかねません。もちろ

ん、新たな知識、技能、態度は求められますが、すでに持っている経験や知識も役立ちます。

変化の特徴として、これまでに変化を起こした体験も貴重です。あまりにも多くの人がその体験から阻害されていると言えるかもしれないからです。同時に、変化は個別的でもあるので、他の変化の事例がそのまま使えると思い込んでしまうと危ないかもしれません。たとえ置かれている状況などが似ていても、そのまま使える点や、そうでない点をしっかり見極めることが大切です。

第3章

「学び」のサイクル

第3章は、この本の中で、最も中心的な位置づけとなる部分です。「学び」がおかれている現状の分析（第1章）と、よりよい学びをつくりだすための前提や原則を踏まえて（第2章）、本章ではこれまでとは違う、より効果的でかつ効率的な学びをつくりだすためのプログラムとは、どんなものになるのかを明らかにしていきます。

1　従来の流れ

結果は各人任せという「間違った前提」

従来の学びのプロセスは、図1の左側のようになると思います。

専門家や講師の話を聞いた後に、質疑応答ないし話し合い（協議）の時間を設ける場合もありますが、現状ではそれらも申し訳程度にしかやらないか、効果的な進め方を知っている人はほとんどいないので、ピントが合った質疑応答や話し合いが行われることは少なく、従って欲求不満を起こしてしまう人も少なくありません。

この形式が日本における「学び」の中心的な流れとしてずっと続いているのは、目標自体を明確にしないこと（二九〜三一ページ参照）と、それを実現するための方法をしっかり考えない

図1 従来の流れと新しい流れの比較

伝統的な研修モデル	新しい研修モデル
専門家(講師・教師)による知識や情報の提供 ↓ 話を聞いたときはそれなりに感激したり、興奮しても ↓ 仕事や生活で活かすことはできず、いつの間にか忘れてしまう	(1)ひきつける(関心を喚起する段階) ↓ (2)インパクトのある体験や情報の提供 ↓ (3)体験や情報の振り返りと共有 ↓ (4)応用をする(練習する段階) ↓ (5)プログラム全体の振り返りと評価 ↓ 後は、サイクル(2)ないし(4)へ(継続的に情報交換や相互にコーチングができる状況があれば、さらによく学べる)

がゆえの結果です。「いいこと」を聞かせさえすれば、あとはそれを聞いた各人の問題だという「間違った前提」ないし「悪い習慣」を引きずっているからです。

また、第2章で紹介した「学びの原則」や「変化の原則」や「学びのスタイル」なども、まったく踏まえられていません。

学校での授業も、この前提にのっとって日々行われています。確かに、聞くことを得意とする子どもたちにとってはいいかもしれませんが、実態は興味・関心のあることではなく、あまり意味を感じられないことを毎日聞かされるわけですから、生徒たちも自分のものにすることはもちろんのこと、学ぶ必然性を感じることさえできない状態が続いているわけです。

2 新しい流れ――「学び」のステップないしサイクル

「やってみる」「振り返る」に重点

この流れは、私たちが意識しないで学ぶときには必ず使われている流れです。世界中どこでもそうです。赤ちゃんがおもちゃの使い方を学ぶとき、幼稚園児が自転車の乗り方を学ぶとき、そして大人になってから外国語やゴルフや料理を学ぶとき、よりよいマネージャーになるために学んでいるときなどです。しかしながら、学校や社会教育や組織内研修などで私たちが意図的に学ぶときは、この流れは無視されています。**「学び」で大切なのは、教師や講師が言ったり、パワーポイントなどのメディアで何かを見せたりすることではなく、学習者が言ったり、したりすることです。**「学び」は、教師や講師が語り聞かせることではありません。**学びは知識や情報の学習者による「消費」ではなく、学習者によって知識や意味が「生産」されることです。それには、自分のものにするための練習の時間も必要です**（The Accelerated Learning Handbook, 前掲）。

従来の流れを、この新しい流れ（八七ページ図1の右の欄）に当てはめて時間の割り振りを見てみると、(1)はほぼゼロ――司会役が、講師紹介をどれだけうまくできるかにかかっている程度。しかし、現状では参加者の関心を喚起するものにはなっていない、(2)がほぼ九三〜九五パーセント、(3)はよくて五パーセント程度——時間をその程度かけたとしても、内容が伴うことはほとんどない、(4)はゼロ——各自に任されている、そして(5)よくて二パーセント程度——次回以降にそれが活かされるようなかたちで行われることはほとんどない、といったところでしょうか。

これに対して、新しい流れでは、どのような時間の割り振りを考えたらいいのか見てみましょう。まず(1)は一〇〜一五パーセントです。これを確保しないと、「学び」自体が成立しないと思ってください。(2)〜(4)は学習者のレベルによるので一概には言えませんが、一般的には(2)が二〇パーセントぐらい、(3)が二〇パーセントぐらい、(4)が四〇〜四五パーセントぐらいがいいのではないかと、私は思っています。そして(5)が五パーセントです。

以上は、あくまでも教室ないし研修という学びの場を考えたときの時間の配分であって、実際は、それが使われる場での継続的な練習と応用がないと、本当の意味で使えるようになったり、自分の置かれている状況に合わせて応用して使ったりということにはなりません。

なお、従来の流れは、「理論から応用へ」という展開を想定していたのかもしれませんが、実際に応用部分は存在しませんでした。講義の中で若干紹介されればいい方で、応用は学習者任せでした。それに対して、新しい流れでは、体験から入り、それを振り返ったり、共有することによって学習者なりの意味をつくりだし（理論化を図り）、そして一番多くの時間を自分が必要だと思ったことを**身につけるための練習と応用**に費やすという進め方です。

これら二つの流れを様々な観点別に比較したものが、表1です。学ぶことは、試してみること、フィードバックをすること、振り返ること、相互に情報を交換したり、励まし合うこと、成功して満足したり、ほめられたり、祝ったりすること、そしてそれらが契機になってさらに試してみることです。知識や情報を提供することは、テーマとの出合いのきっかけとしては位置づけられても、中心的な部分ではありません。

それでは、以下、新しい流れに基づいて、より効果的な学びをつくりだすための具体的な方法を紹介していきます。

(1)ひきつける（関心を喚起する段階）

「学びの主役」という意識を与える

教える内容はもちろん大切ですが、教える方法も同じレベルで大切です。しかしながら、これまでその教え方が省みられることはほとんどありませんでした。

このことを象徴するエピソードがあります。ある大学生が、教授に「大学の先生になるには、どういう資格があるのですか？」と聞いたところ、教授は「大学の先生になるのに、資格は必

表1 従来の流れと新しい流れの観点別の比較

観　点	従来の流れ	新しい流れ
学びの単位	個人	グループが中心 ＋ 個人
学びのスタイル	知覚（聴覚、視覚）	知覚十からだ全体
学ぶ者の役割	聞く、覚える（受動的）	参加する、互いに影響し合う（能動的）、中身づくりにまでかかわる、知識や技能を自らつくりだす
指導者の役割	教師・講師、情報提供者	進行役、参加者、情報提供者、体験の演出者
指導者の責任	講義 知識や技能の伝授	参加者相互の学びを可能にする環境づくり、インパクトのある体験の演出、頻繁な振り返りとフォローアップ、いい学びをモデルで示すこと
学びの環境	硬い、地位・身分が明らか 真面目さ	柔らかい、地位や身分は関係ない 楽しさ、ユーモア
指導者の関心事	言いたいこと／言うべきことを伝える	参加者が深く考えられるように手助け、参加者が元気になれるようにサポート 目的の共有と達成を協力して行う ここでの学びは手段と位置づけている。絶えず、次のステップや広がりを考えている
誰のニーズを満たしているか？	指導者（講師）	参加者、進行役、主催者 参加していない人たちも？
学びが後でどれだけ役立つか？	極めて少ないか、不明	ほとんどの参加者にとって高い割合で役立つ

（出典： The Winning Trainer, Julius Eitington, Gulf Publishing, 1989）

要ありません」と答えるしかなかったというのです。要するに、内容さえ知っていれば、教え方など関係ないという世界なのです。幼稚園から高校までの先生たちがどこで「教育」を受けるかというと大学です。これでは、教え方を無視する構造が根強くはびこってしまうのは当然のことと言えます。かなりの部分は、「話を聞かせれば、わかるはず」を前提にした授業や講座が行われており、これでは「学び」の質も量も低いレベルにとどまり続けるはずです。

当然のことながら、新しい学びの流れ（サイクル）のすべての部分で「教え方」は大切なのですが、その中でも特に大切なのは導入時です。人と人との出会いもそうですが、よかれ悪しかれ第一印象のインパクトは大きいものがあり、それが好むと好まざるとにかかわらず後々まで尾を引いてしまいます。その意味で、導入時をいい学びの要素をふんだんに盛り込んだ、「学び」の体験全体を凝縮したものにする必要があるわけです。つまりは、楽しさ、動き（頭とからだとこころのバランス）、他の参加者を中心に講師も含めた様々な人との出会いなどを体験しながら、**「自分たちこそが学びの主役なんだ！」**という意識を持ってもらうようにすることです。

導入部分を、図2のように大きくは三つの要素に分けてみました。「雰囲気づくり」「仲間づくり」「学びの準備」を一つひとつ詳しく説明していきますが、三つはオーバーラップする部分の方が、そうでない部分よりも多いくらいです。

PHP SHINSHO

PHP新書

PHP研究所

学ぶ心

学ぶ心さえあれば、万物すべてこれわが師である。
語らぬ石、流れる雲、つまりはこの広い宇宙、
この人間の長い歴史、
どんなに小さいことにでも、
どんなに古いことにでも、
宇宙の摂理、自然の理法がひそかに
脈づいているのである。
そしてまた、人間の尊い知恵と体験が
にじんでいるのである。これらのすべてに学びたい。

松下幸之助

図2　ひきつける（関心を喚起する）段階の3つの要素

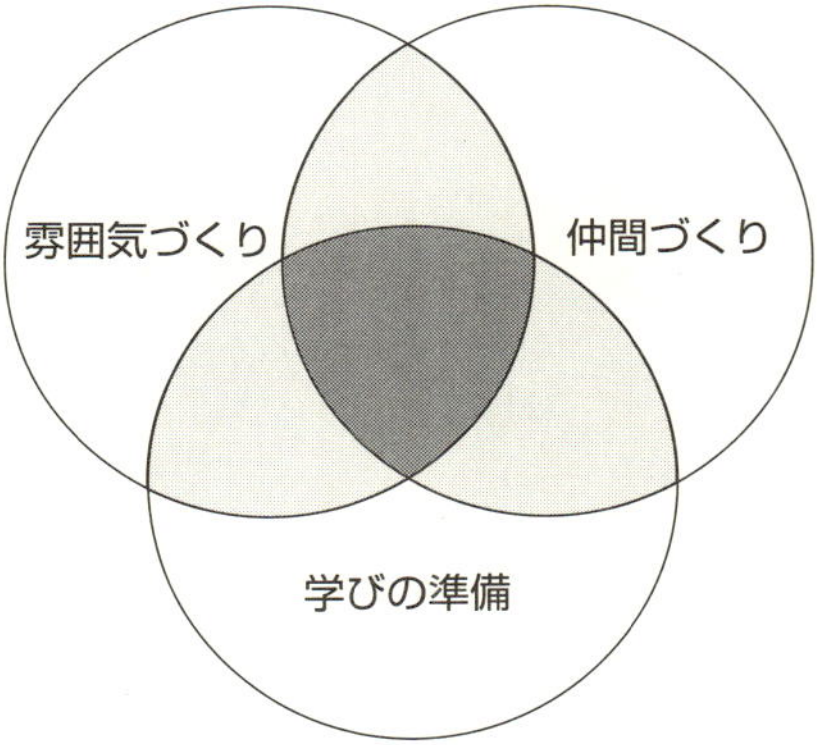
雰囲気づくり
仲間づくり
学びの準備

①プラスの雰囲気づくり

プラスの雰囲気をつくりだすためには、ハードとソフトの二つの要素があります。ハードは場（スペース）の雰囲気であり、ソフトはプログラムとして参加者に取り組んでもらうことによって、和やかなプラス志向の雰囲気がつくりだされることを指しています。

・雰囲気づくりのソフト面――退屈なイメージを壊す

多くの人にとって、これまでの学びの体験はあまりにも悪すぎます。ですから、最初の出会いの段階から、「これまでとは違う！」という印象を持ってもらうことが不可欠です。それ自体、強い動機づけとして「学びの準備」になります。そのためには、典型的な退屈な授業や研修のイメージを打ち壊すことなら「なんでもやった方がいい」ということです。それには、どんな要素が含まれているかというと、

・言いたいことが気兼ねせずに言える
・言いたいこと、課題、気持ちを、聞いてくれる、受け止めてくれる
・聞く一方ではなく、動ける（動くのはからだだけではなく、頭もこころも）
・楽しい
・他の参加者と知り合える（願わくは、友だちになれる）
・自分の枠を越えられる何かがある、と思える
・緊張でなく、リラックスでき、単調ではなく、刺激や興奮がある
・権威や管理や統制ではなく、自由で開放的で協力的

などです（四九～五二ページの「悪い研修会」と「いい研修会」のリストを参照）。

このような雰囲気をつくりだすための活動のことを、氷のように硬い雰囲気を溶かすイメージがあるので、アイス・ブレーキングやウォーム・アップと言います。巻末の資料編に、これまでに私が他の本で紹介したもの以外で推薦できるものを選りすぐって紹介していますので、

ご参照ください。

・雰囲気づくりのハード面――コーディネートされた会場づくり

以上はプラスの雰囲気づくりに関するソフトの部分でしたが、ハードの部分は会場ないし教室の雰囲気（環境）づくりについてです。

学びの場の環境を整えることを考えるときに、一流のレストランないし料亭が客である私たちに対して食べもの以外の部分でつくりだしている雰囲気というか、空気のようなものをイメージするとわかりやすいと思います。使われる皿などの容器はもちろん、イスやテーブル、置かれている花や飾り物、壁掛けや絵画、さらには庭の景色までがトータル・コーディネートされています。私たちは「学び」を考えるときやつくりだすときに、ここまでの気の配り方をしているでしょうか？

あるいは、皆さんはゲストを自宅に招くときに、どのような準備をするでしょうか？　最低限の掃除をし、見苦しいものは見えないところにしまい、ゲストの目に入ってほしいものはほこりを取っておくか、より見えやすい配置にしたりしませんか？　一流のレストランや料亭とまではいかないまでも、私たちもゲストに対してはそれなりの配慮はしています。

それでは、なぜ料理の世界やゲストを招くときに当たり前のことが、学びの世界ではできないのでしょうか？　それは、依然として「わかりやすく話せば、自分の役割は果たしている」（講師の考え）や「講師がうまく話してくれさえすれば、文句は言われないだろう」（主催者ない し企画者の考え）という前提なので、場の雰囲気や空気などはまったく考慮されることがないからです。

私たちは一流のレストランや料亭に招くようなところまでの準備はできないにしても、少なくとも私たちのゲストである生徒や受講者を自宅に招くくらいの準備をするのが、礼儀ではないでしょうか？　これも、主役は誰か、という捉え方で、どうにでもなってしまいます。

「学び」は、情報を受け身的に受け入れるだけで成り立つものではありません。**主体的に知識やスキルを一人ひとりの生徒や受講者がつくりだすプロセスです。**学びは、一〇〇パーセント学習者によって行われるものであって、企画者や講師がするものではありません。食事の準備をし、給仕するところまでは主催者、企画者、講師ができますが、実際に食べるか食べないかの判断は学習者に委ねられています。おいしく食べてもらうには、周りの環境が極めて大事であることは、明らかです。特に、それがはじめてのものであるときは。

さらには、テレビの番組やコマーシャルを考えてください。コマーシャルの方がわかりやすいかもしれません。これもあまりに当たり前なので、私たちはほとんど気がつかなくなっていますが、音楽が効果的に使われています。テレビや映画をつくる人は、それなしでは効果が上がらないことを十分に知っているのです。メディアの世界を出すまでもなく、レストランや料亭などでも、いい音楽をバックグラウンドに流しているところは少なくありません。しかし、学びの世界ではいまだにこの効果的な媒体が使われることはありません（家では、結構多くの人が自分の好きな曲をバックグラウンドに流しながら、本を読んだり、勉強したりしています）。

現状では、典型的な教室や研修室などは小綺麗ではあっても、退屈な部屋のイメージしか持っていません。それをトータルに学ぶという観点から、エキサイティングにできることなら、なんでもして改善してください。環境次第で、場はリラックスしますし、エネルギーもわいてきます。参加者たちが話す時間の方が、講師が話している時間よりも長い学びをつくりだしたいのであれば、一つのテーブルないし複数の机を集めて三〜六人が一緒になって座れるようにしたイスの配置の方がいいでしょう。また、壁には扱うテーマに関連したポスターなどが貼られ、空いている机には資料などを並べて、空き時間に自由に見られるようにした方が効果的です。さらには、心和む音楽をかけてみてもいいでしょう。講師を権威の象徴としてしまい、結果的に硬い雰囲気をつくりだしてしまう垂れ幕などよりも、はるかに効果的なものがあるはずですから、いろいろと試してみてください。目的に応じて、手段としての雰囲気や環境は臨機応変につくり変えるというわけです。達成したいことが違うのに、部屋の雰囲気や環境がいつも同じというのは、それこそおかしな話です。

なお、部屋の雰囲気づくりも、主催者ないし講師が全部やってしまわない方がいいでしょう。はじめてのときは、アイス・ブレーキングの一環として、十分ぐらいで参加者にあらかじめ用意したものを貼ったり、置いたりしてもらうといいでしょうし、連続講座の場合は、テーマごとにチームを選び、責任を持って部屋の設定を担当してもらうと、より効果的です。

②仲間づくり

バラバラに存在している学習者に、相互に助け合いながら学び続ける仲間になってもらうことが二番目の目的です。競争することや自分を守るためにエネルギーを使っていては、ストレスもたまりますが、互いに協力することによって、持っているエネルギーを学びに集中させることが容易になります。日本では昔から「三人寄れば、文殊の知恵」と言ってきました。一人よりは二人、二人よりは三人の方が多様な視点、考え、体験、情報が飛び交い、相乗効果が生まれることによって、より大きな効果が得られます（それは、教師や講師も含めてです）。

「バラバラに学ぶのではなく、社会的に学ぶことこそが人間の特徴である」と言ったのは、ロシアの教育心理学者のレヴ・ヴィゴツキーでした。このことを応用すると、「みんなで今日やれたことは、明日一人でできるようになる」ということです。それほど仲間と一緒に学ぶことは大切であり、一九八〇年代以降、欧米において学校教育でも社会教育でもチーム学習が盛んになった背景に、この理論に裏打ちされた実践があったわけです。

①の雰囲気づくりで紹介したアイス・ブレーキングも当然のことながら、ほとんどがこの方法が取られていますし（この点に関しては、両者は同じものと解釈していただいても結構です）、それ以降のすべてのステップで使われるほとんどの方法も、仲間づくりを念頭に入れたものであり、前提にしたものです。

人数は、何人がいいのでしょうか？　二人でしょうか？　三人でしょうか？　四人でしょうか？　五人でしょうか？　六人でしょうか？

正解はありません。はじめから決めつけない方がいいでしょう。人間関係の出来具合や、与えられた課題のやさしさ・難しさや、そこにいる人数など、いろいろな要素を踏まえながら、そのときそのときでベストの人数を選ぶようにしてください。ちなみに、私はたいてい三人から五人ぐらいの間でチームをつくってもらうようにしています（『会議の技法』〈中公新書〉一九三～一九八ページの「〈全員〉対〈六人〉対〈三人〉」を参照）。

なお、この仲間づくりは学んでいる最中にお互いを知り合うだけでなく、いっしょに協力して課題に挑戦したり、達成感を味わうことによって、研修終了後に共に助け合う下地をつくっているという効果もあります。これをしっかりしておかないと、終了後に参加者が相互に協力する度合いも弱まってしまいます。

③学びの準備

研修事業などの主催者や担当者が抱えている課題の多くは、この問題に集中しています。特に、義務的に出席させられている人たちが多い場合は、問題は切実です。

1 義務的に招集されても、意欲的に参加してもらうにはどうしたらいいか?
2 動機づけを高める方法は?
3 興味・関心を持って聞いてもらうための方法(集中して聞いてもらうための方法)?
4 自分にとって価値が見出せない
5 扱うテーマ(講師)への関心のなさ
6 扱うテーマ(講師)への反抗的な態度
7 失敗することや恥ずかしい状況に陥ることへの怖さ
8 変わることと成長することへの脅威
9 強制的な参加
10 個人的に抱えている問題
11「すでに知っている」という思い込み

12 これまでの経験から研修に悪いイメージしか持っていない

もちろん、①雰囲気づくりや②仲間づくりをすることによって、ある程度は参加者の関心をそそれますが、これらの課題を克服したり、障害を取り除くには十分ではありません。そうなると③学びの準備の柱は、学習者の動機づけを高める方法（＝よい学びをつくりだすための条件）ということになり、それは大きくは四つに分けられます（下のカッコ内の数字は、前ページで紹介した対処されることが求められる12の課題の番号に相当しています）。

(1)意味のあること （1、2、4、5、6、9、11、12）
(2)自分がコントロールしていると思えること （1、2、5、6、7、8、9、12）
(3)安心できること・大切にされていること （2、7、8、10、12）
(4)自分はできると思えること （2、7、8、12）

基本的には、第2章で紹介した「学びの原則」とオーバーラップするところが多分にあります。「動機づけを高める方法」としましたが、おそらく他人の動機を高めることはできないのだと思います。教師や講師にできることは、すでに生徒や受講者が潜在的に持っている動機を先の四つの方法で呼び起こす、ということにあります。

なお、課題の3は、どこにも含まれていません。そもそも課題としてあげること自体が間違っているからです。受講者に聞いてもらうことが、主催者、担当者、講師の役割ではないことをしっかりわきまえるところからスタートしないと、受講者の受難が続いてしまいます。また、どうしても講義をしなければならないときは、脳の機能から導き出された「十五分以上は脳が集中できない」ことも認識すべきです。それ以上長く話す場合には、一二六ページで紹介している「体験や情報の振り返り／共有」を講演の合間に入れながらやらないと、せっかくの話は片方の耳から入って別の耳から出て行ってしまうために、貴重な時間を費やしていることになってしまいます。

課題の10については、各人の問題を認めたうえで、一時的に忘れてもらう必要があります。これはたとえば、各自にA４の四分の一ぐらいの大きさの紙を配って、「個人的に抱えている問題」を箇条書きしてもらい、それを破るなり、丸めて捨てるという方法があります。二〇七ページで紹介している「チェックイン」の方法も使えます。課題の11については、たとえばクイズを出して、知らないことがまだ多いことを認識してもらう方法があります。課題12に関しては、①雰囲気づくりや②仲間づくりで克服しつつあるとはいえ、会全体を通じて楽しく、かつ意味のある体験をし続けてもらう必要があります。

(1)意味のあること

学習者が意味があると感じられるときはどんな状況か、を考えると、大きくは三つぐらいに分けられると思います。

a　ねらいや得られるものがはっきりしているとき
b　好奇心がわいてくるとき
c　時間がたつのも忘れるほど、楽しい体験ができるとき

a　ねらいや得られるものをはっきりさせる

「ねらい」は主催者や講師のねらいが、学習サイドのねらい（つまり抱えている課題の改善・解決や、目標の達成ないしそれに参考になる情報やスキルの獲得）とうまくマッチングすることが不可欠です。

その意味では、導入の段階で学習者たちに「これに参加することによって、どんなことが可能になるのか」「どのようなメリットがあるのか」「どんなことが達成できるのか」をわかりやすく、しかも学習者たちが受け入れられる形で提示することが大切です。この段階でそっぽを

向かれたら、後で接点を持つのは二重、三重に困難になります。同時に、それらを獲得するプロセスないしスケジュールがはっきりしないと不安がる人もいますので、進め方の手順についても概要を説明した方がいいでしょう。もちろん、時間がたっぷりある研修をする場合は、参加者に研修会に参加するに当たっての期待や獲得目標を、ブレーン・ストーミングの手法を使って出してもらうのが、さらに効果的です。この手法を使うと、「b 好奇心を高める」ことまでいっしょに満たせます。講師の役割は、それらが出された点でカバーできるものは可能な限り含める努力をすべきですし、どうしても無理な場合は適切な理由とともに伝えればいいでしょう。

あるいは、テーマについて「すでに知っていること」と「知りたいこと」のブレーン・ストーミングをやることもできます。これは、模造紙（ないしＯＨＰ）に書き出しておいて、終了時に「研修を通して学んだこと」を同じように出してもらい、三つを比較することで、達成感を味わうことができます（もちろん、プログラムというか講師の力量がなければ、不満が募ってしまいますが）。

ねらい（目標）を設定する際には、次のようにいくつかのレベルで考えることも必要です（Learning the Craft of Training, Robby Champion, NSDC,2000）。

①知識や気づきのレベル――ある意味では、このレベルだけの研修は何回繰り返してもあまり意味がない
②できるようにするレベル――中身の理解を踏まえて、できるようにすることが目標。これが、目標として設定されると数回のフォローアップが不可欠
③使いこなせるレベル――恒常的なフォローアップが必要
④普及するレベル――周辺の人たちに広げていくことが目標。復命書や報告書を書いたり、会議で報告したり、研修会の講師役を務めるレベルでは「普及」はしない。③までに必要なこと＋コーチングやファシリテーション（普及・促進）のスキルが求められる

また、ねらいの「実現可能性」と関連することですが、講師が学習者を信じ、高い期待を持って、それを最初から示していくことも、とても大切なことです。低い期待しか持てないときは、扱う内容も進め方も、学習者の関心をひくものにはなりにくいからです。

b 好奇心を高める

大人は、いろいろな体験を持っていますから、「すでに知っている、聞いたことがある、もうそれは試したことがある」と言いがちです。しかし、それを言ってしまった瞬間、学びはス

トップしてしまいます。それらの言葉が発せられないように好奇心を喚起することで、それまでとは違う何かを吸収できる準備をしてあげるのです。そうすれば、人は新しい可能性、新しい発見、新しいスキルなどをどこでも見つけることができます。

これは、学校に行く前の子どもなら誰もが持っていたものを、取り戻す作業と言った方がよりわかりやすいかもしれません。子どもたちが持っているものは、自由なこころ、怖さなし、楽しむのがうまい、そして旺盛な好奇心ですから（The Accelerated Learning Handbook, 前掲）。

好奇心を高めるための方法としては、以下のような方法が考えられます。

・ゲームやシミュレーションなどを体験する
・チームで問題を解く課題を与える
・クイズをする
・質問を出し合って、お互いに尋ね合う

c 時間がたつのも忘れるほど、楽しい体験をしてもらう

このことは、研修中を通じて大切にすべき点ですが、特に導入時に言えます。なんといっても、第一印象が大切ですから。そのためには、講師の言うことをおとなしく聞くよりも、①の

雰囲気づくりで紹介したアイス・ブレーキングの活動をする方が確実に楽しいし、時間はあっという間にすぎてしまいます。理由は、**一人ひとりの参加者が主役**になれるからです。

講師の役割は、学びや出会いのきっかけをつくり、後は脇にどいている、あるいは一緒に参加することです。自分が主役に居座っていては、邪魔をしているだけになります。学習者が言ったり、したりすることに価値があるのであって、講師が言ったり、したりすることには大きな価値はありません。講師の役割は、学習者が言ったり、したりできるようにサポートすることです。

(2)自分がコントロールしていると思えること

学習者は、自分自身の学びを自分でコントロールしていると思える方が、常に指図されて学んでいるときよりも、よく学べます。**学習者ができることを、講師がしてしまっては、学習者の学びや出会いを奪い取ってしまう**ということです。

これを可能にする方法には、以下のようなものがあります。

a　目標設定や評価の仕方（評価の基準づくりなど）にかかわってもらう

b　意味のある選択を提示する

c 交渉を踏まえた学習法を使う
d 学習者が振り返りや自己評価・相互評価できるチャンスを提供する
e 学習者がほしいときにフィードバックを提供する
f 本物（学校の外）の知識や資源を活用する。何を、どう活用するかは委ねる
（cとdについて詳しくは、『「考える力」はこうしてつける』〈ジェニ・ウィルソン＋レスリー・ウィング・ジャン著、新評論〉第4章と第8章を中心に、この本は全部が参考になります。）

(3)安心できる・大切にされている

「当てられたらどうしよう、恥ずかしい」「うまく話せるかな？　話せなかったらどうしよう」など、生徒たちの多くは授業のときに緊張感というか不安を持っています。このような環境では、教師が教えたい内容ではなく、緊張や不安の方に生徒たちの頭が行っており、内容の方には集中できていないことを意味します。だからこそ、不安のない環境をつくることは、学びの条件の中でも一番大切なことの一つなわけです。

また、人は自分のことを気にかけてもらえている、大事にされている、期待を持たれていると思えるときに、能力以上の実力を示せることがあります。このことは、家庭での子育てでも十分に証明されていることです。

授業や研修の場などでは、「構成メンバーの一員である」「しっかり聞いてもらえる」そして「よい意見や行いに対しては適切にしかも具体的にほめてもらえる」、といったことも大切です。これらは、いずれもよい人間関係や信頼関係を基盤にしていますし、それらをさらに確実なものにするのに役立ちます。

こうした学びに不可欠な条件を築き上げるためにも、①雰囲気づくりや②仲間づくりの活動は大いに役立ちます。

(4) 自分はできるんだという意識が持てること

「自分はできる」という意識（最近では、「自己効力感」と言われています）を持つことによって、生徒や受講者に自信を持ってもらうことはとても大事なことです。それを可能にする五つの方法は以下の通りです。

1　教え方は学びを助けるものであること——生徒たちは多様な学び方をする

第２章で紹介したように、学びのスタイルやマルチ能力の観点からも私たちには得意・不得意があります。教え方を学び方に応じて変えたり、発表の仕方も選べるなどの配慮が必要です。

2　すでに持っている知識のうえに築き上げるもの——学習者のこれまでの知識・経験・蓄積

を認めたうえで、新たなものを積み上げる努力をする

これは、第1章で紹介した構成主義の原則です。たとえ何も知らないと思われる赤ちゃんですら、それまでに持っている知識や経験を土台にして学んでいることが、研究の結果すでにわかっています。

3 達成感を味わう──達成可能でチャレンジングなものを提示する（その際、本物の課題に取り組むことが大切。偽物では真の達成感はなかなか味わえません）

私たちは意味を感じられる本当にある課題の方が、教師や教科書の中だけでしか意味のないものよりも熱心に取り組めます。そのとき、各自がバラバラに取り組む必要はありません。協力して達成できた経験は、別の場で必ず活かされます。

4 評価の基準を明確にしておく（評価は学びを改善し続けるための手段として位置づける）

ねらいと同時に評価の基準も最初の段階で明確にしておくと、自分がいまどこにいるのか、あとどのような努力をすればよりよい結果が得られるのかがわかるので、やりがいにつながります。

5 適切なフィードバックを提供する（しかも、頻繁に）

フィードバックは、それがプラス志向のものでありさえすれば、誰から来るものであろうと関係ありません。教師や講師からのフィードバックの方が仲間や同僚のものよりも当初は重み

があるのかもしれませんが、頻度から言えば仲間内でのフィードバックの方が多いですから、その意味でも、①プラスの雰囲気づくりや②仲間づくりは大切です。

(2)インパクトのある体験や情報の提供

講義は聞き手とレベルが同じときに最も効果的

まず、一番オーソドックスな手法である講義（レクチャー）を簡単に片づけてしまいましょう。これまでに、講義（そのバリエーションに位置づけられるシンポジウムやパネルディスカッションも含む）を通じて「インパクトのある情報提供」の体験をされた方はどのくらいいるでしょうか？　ただ当たり前のようにいつもやられているから、それが「正しい」方法であり、また「効果のある」方法であるとは言えません。「はじめに」や、さらに第1章や第2章で触れたように、単に他の手法（習慣）を知らなかっただけなのです。それでも、たくさんある手法の一つであることも事実ですから、無視するわけにはいきません。

あなたは、「矛盾した講義」の特徴をご存知ですか？　それは、講義をする人と同じレベルで知識・情報・経験を持っている人にとってこそ、一番効果的な方法である、ということです。それ以下でも、以上でも効果は薄れてしまいます。理由は、同じレベルだと単純に接点が持ちやすいということです。それ以下とか以上の場合は、頭の回転するスピードの方が講演者の話すスピードよりも数倍早いですから、他のことを考え始めてしまうのです。これは、講義に限らず、私たちが一般にしている会話でも同じ経験をしているはずですから、納得していただけると思います。

効果的な講義をするための方法には、現時点でほぼ完璧と思える本がすでに出ていますので、ここではそのＰＲだけをさせていただきます。というのも、それを訳したのが私だからです。参加者の心をつかむ話し方や資料の見せ方だけでなく、なんと、参加者の巻き込み方まで書いてあります。本のタイトルは、ズバリ『最高のプレゼンテーション』（ダグ・マルーフ著、ＰＨＰ研究所）です。

学校教育、社会教育の場合

それでは、講義以外に「インパクトのある体験や情報の提供」の仕方にはどんなものがあるのかを紹介していきます。当初は、第１章の最後の部分で振り返った学校教育、組織における研修、そして社会教育の事例をそれぞれ一つずつ使って紹介する予定でした。しかし、それをするには膨大なスペースを要するので、ここでは一つに絞らざるを得ません。どれを選ぶべきかは難しい判断だったのですが、「職場研修」を詳しく紹介することにしました。そこで、学校教育と社会教育の事例については、それぞれの簡単な概要と資料の入手先だけ紹介します。

学校教育の事例は、ある中学校を訪問したときにたまたま見学させてもらった三年生の社会科の授業です。そのときのテーマは、「差別」でした。教師は、黒板にキーワードを書きながら、確か中世の「穢多非人」から始まって、江戸時代の士農工商の下に位置づけられ、現代にまで至る部落差別や、明治期以降のアイヌ差別、関東大震災や戦時中の強制労働などを含めた戦前戦後の在日韓国・朝鮮人問題、中国・台湾人への差別、中国残留帰国者の問題、バブル期のニュー・カマーとしての外国人問題、そして障害者差別や男女差別などを駆け足でカバーしていきました。

さすがに弁当を食べる生徒はいませんでした（でも、私が一番後ろに座っていなければ、そんな生徒が何人かはいてもおかしくない雰囲気ではありました）が、近くの友だちと小さな声で話したり、紙を回している生徒たちは結構いました。一方、熱心にノートを取っている生徒もいました。先生の何回かの質問にも答える者はほとんどなく、先生一人がひたすらしゃべりまくり、そして黒板に書きまくるという授業でした。三十数年前に私が中学で受けた授業とあまりに変わっていないので、ビックリしてしまったくらいです。

以上は、テーマも教科もなんであれ、ある意味では典型的な学校の授業の風景ではないでしょうか？　「インパクトのある体験や情報の提供」が行われていたとは言えません。友だちと話していなければ眠たくなるような、極めて退屈な授業でした。

それでは、この極めて重たいテーマである「差別」の授業を「インパクトのある体験や情報の提供」の仕方で行うには、どうしたらいいのでしょうか？　その可能性を表わしたのが、七七ページの図6です。その中で☆がついたランキング、フォト・ランゲージ、ロールプレイ、シミュレーションについては、巻末の資料編で紹介しています。他にも、マルチ能力を活用したたくさんの方法がありますので、『「マルチ能力」が育む子どもの生きる力』（前掲）の第5章と第6章をご参照ください。なお、この本では、マルチ能力にのっとった教室のつくり方（第7章）、クラス運営（第8章）、評価の仕方（第10章）なども扱っていますので、とても参考になります。

社会教育の事例として考えたのは、私自身が直接かかわった「地域のリーダー養成のための研修プログラム」でした。選んだ理由の一つは、研修の目的を達成するために、一〇五ページで紹介した四つのレベルのねらいをすべて満たさないといけないからです。それを可能にする方法が、このプログラムを通して紹介できると思ったからです。

また、この事例には、たまたまその目玉として海外研修も含まれていました。「インパクトのある体験や情報の提供」という観点からは、これ以上のものはありません。しかし一方で、「海外研修」は数ある社会教育事業の中でも特殊なものというイメージはあります。ごく限られた人しか参加できないことが最初からわかっているからです。それでも、青少年、女性、教員、自治体職員、議員の海外派遣は今でも相当の数にのぼり、それに使われている税金は決して少なくありません。にもかかわらず、「海外に行けば国際感覚が身につく」という思い込みと、「ほとんどの海外研修は海外旅行のレベルで終わっている」と言っても過言ではない状況がすでに三十〜四十年も続いています。つまり、税金の無駄遣いが続いているわけです。このプログラムを通じて、（海外研修に限らず）研修に参加した人たちだけが得をして、参加できない多くの人たちが局外に置かれるという状況は、回避できることを示したかったのです。それは、担当者と講師役の者が**「事業としての研修が終わったときが、参加者の活動の始まり」**と位置づけて取り組むことによって可能になります。

この研修プログラムの担当者の振り返りは、『社会教育』二〇〇三年三月号で読めます（あるいは、june-m@ yahoo.co.jp に資料をご請求ください）。

会議を効率化・活性化するための職場研修

ここでは、どの組織も抱えている大きな課題である「会議」をテーマにしてみます。あなたは、会議をテーマにした研修を受ける、ないし自分が講師を務めることを考えたとき、どんな内容のものを思い浮かべますか？

まずは、オーソドックスな方法から紹介しましょう。表２のレジュメを見ていただければ、

表2　典型的な「会議を効率化し、活性化するため」の講演内容

A 会議を効率化する――ムダの排除［会議を効率化する5原則］
①ムダな会議をなくす　②会議を電子化する　③会議の回数を減らす　④会議時間を短縮する　⑤会議参加者を減らす

B 目的に沿って会議をリードする
1 会議リーダーの役割
①指導型（リード型）リーダー　②司会型（ファシリテーター型）リーダー
2 会議リーダーの仕事
①会議の目的に沿って十分な準備をする　②メンバー全員を会議に参画させて連帯意識を持たせる　③会議中は全員が情報共有できるようにする　④最高の結論を導き出すため、全員の知恵や情報を結集させる　⑤最適な決定を行う　⑥議事録をすぐに配信し、議事結果を業務に反映させる

C 会議の事前準備を徹底する――成果を出すための知恵と工夫
①会議のテーマを絞り込む　②会議メンバーを厳選する　③会議の開催日程を早めに決める　④遅刻者が出にくい会議時間を設定する　⑤会議の前提情報を事前に共有する　⑥誠意を持って根回しをする　⑦会議資料を作成する―「タチツテト」で作成☆

D 会議を活性化する――タイプ別の進め方
①伝達会議のポイント　②創造会議のポイント　③調整会議のポイント　④決定会議のポイント

【資料づくりのポイント】
タ … タイトル（表題）をわかりやすくつける
チ … チョクセツ（直截）　ズバリわかりやすい内容にする
ツ … ツール（機器）に資料を落とし込む
テ … テンプ（添付資料）はなるべく少なくする
ト … トウイツ（統一）したフォームと表現にする

（出典：OMNI-MANAGEMENT 2002.12月号　日本経営協会）

それぞれの項目でどのような話がされるのか、だいたい想像がつくのではないでしょうか。とてもよくまとまっていると思います。しかし、「インパクトのある体験と情報の提供」という観点から見ると、どうでしょうか？

あなたなら、どのような進め方をしますか？

私の進め方をご紹介しましょう。私はまず、何を達成したいのか、つまり「ねらい」から考え始めます。単なる、よくまとまった、しかもわかりやすい講演を求められているのか（つまり、本気では会議を変えることは期待されていないのか）、それとも、本気で会議を変えることを期待されているのかです。会議が変わるということは、実は組織自体が変わることを意味しています。ねらいが前者なら、表2の「典型的な講演」で完璧です。参加者は真剣に聞いてくれるでしょうし、わかってもくれるでしょう。しかし、ねらいが後者の場合は、講演では不十分です。私たちの会議の進め方という「悪しき習慣」は、正論を聞いたぐらいでは変わるはずがありません。変わるために不可欠な態度や方法の部分は、知識を得るだけでは身につくはずがないからです（ちなみに私は、講演だけの依頼は可能な限りお断りするようにしています。参加者にも、主催者にも、そして私にとっても時間のムダですから。もちろん、せっかく依頼を受けたのですから一方的に断るようなことはしません。あくまでも長期的な学びと変化のプロセスの出発点として位置づけることができるかどうかを確認したうえです。あくまでもイベントとしてしか実施するつもりがないというのであれば、時間も予算も無駄遣いしたくないのでお断りします）。

それでは、どのように「インパクトのある体験や情報の提供」をするのか？

①表3のような「会議の自己診断」から始めてもらいます。これをすることによって、自分たちの会議のいい点や悪い点が一目瞭然というだけでなく、（実はこれはご愛嬌なのですが）点数までつけられますから、切実感も湧いてきますし、楽しくもあります。

②各自が点数をつけ終わった後は、三～五人ぐらいのグループで、自分たちにとっての会議の最も切実な課題は何かを話し合ってもらい、各グループからワースト3の課題を出してもらいます。それらをホワイト・ボードに書き出していって、多いものから順に対処法をみんなで考えていきます（間違っても、自分の方から一方的に話してしまわないように注意します）。誰を対象にした研修でも、多く出されるのは項目の3、8、9、13、16、19、20です。

確認事項として、3と20は、絶対にやってもらうこと。8と9と13は、7の座り方を三～四人のグループごとにすることでカバーできること。そして16と19は、5の書記が記録係として全員に見える形（模造紙や電子黒板のコピーボード）で記録を取ることでかなりの部分解決できることを伝えます。

14と15も、実は大きな問題なのですが、課題として認識されていないことが少なくありません。しかし、この二つは口で言って変えられるようなものではありません。繰り返しの体験

表3 「会議の自己診断」

（それぞれの項目の「はい」か「いいえ」を○で囲んでください。）

1	会議を持つ目的が明確になっている	はい	いいえ
2	話し合われる内容が事前に出席者に知らされている	はい	いいえ
3	時間どおりに始まり、そして終わっている	はい	いいえ
4	会議の司会者はいつも決まった人がしている	いいえ	はい
5	書記がいるにもかかわらず、全員がメモを取っている	いいえ	はい
6	司会と書記以外にも、できるだけたくさんの役割を出席者に割り振っている	はい	いいえ
7	いつも口の字型に（あるいは円になって）座っている	いいえ	はい
8	いつも発言する人が決まっている	いいえ	はい
9	一度も発言しない人が何人かいる	いいえ	はい
10	発言をしたことで、個人攻撃を受けてしまう人がいる	いいえ	はい
11	会話が盛り上がり、よく脱線することがある	いいえ	はい
12	事前に根回しをしているので、会議の場は形式である	いいえ	はい
13	会議中は本音が出ず、会議の後にいろいろな意見が出る	いいえ	はい
14	多様な意見の出し方や問題解決の方法を知っている	はい	いいえ
15	発表の仕方を改善するしくみを組み入れている	はい	いいえ
16	決定すべきことを次回の会議に持ち越すことがよくある	いいえ	はい
17	会議中に電話がかかってくることがよくある	いいえ	はい
18	1時間半以上の会議は持たないようにしている	はい	いいえ
19	終了前には、決定事項を確認し、次までの役割なども決めている	はい	いいえ
20	会議の進め方や内容について反省する時間を設けている	はい	いいえ

○で囲んだ「はい」と「いいえ」のうち、左側にあるものの数を数えてください。

16以上なら、あなたは効果的かつ効率的な「いい会議」をすでに実践しています。「理想の会議」までもう一歩です。

11～15は、出席者の中には満足している人も、不満に思っている人も両方いる「普通の会議」です。「いい会議」の実践も、努力次第でしょう。

6～10は、できることなら会議に出たくないと思っている人が多い「悪い会議」です。努力の余地がだいぶあります。しかし、絶望するには早すぎます。基本的な会議のルールから学習し直しましょう。

5以下の方は、え～、さて、その……！

と練習が不可欠です（ということは、二～三時間の研修ではどうしようもない、ということです）。

終了前の振り返りをするかどうかは、極めて単純なことですが、やるとやらないのでは同じことを延々と繰り返すのか、それとも「結構みんな同じことを考えているんだ」と気づき、改善への足がかりにできるかの境目です。私は最近、この振り返りの有り無しが、実は会議の問題に限らず、様々な組織の問題や社会問題の根底に横たわっているような気がしています。

③②の話し合いの結果、ある程度これまでよりは効率的で、効果的な会議をやれそうだと思った段階で、参加者にこれから開く可能性のある会議のテーマを出してもらい、その中から一つを選んで、グループで実際にみんなが参加したくなる議事進行表（アジェンダ）をつくってもらいます。時間節約のため、各グループに発表の時間を与えずに、ポスター・セッションの形で案を出してもらい、参加者全員が自分たちがつくった案以外で参加してみたい会議を一つ選んで投票するコンテストを行います。一応、コンテストの結果は報告して、最優秀賞のグループには拍手を送ります。

④コンテストで最優秀賞に選ばれた案があまりよくない場合には、投票数は低くてもいい内容のものと対比する形で、「会議の自己診断」も使いながら、押さえるべき点はちゃんと押さえられているかどうか話し合ってもらいます。これをすることによって、実は投票行動がおかしかったことに気がついてもらえることが少なくありません（ここでもまた、私たちがいかに

「習慣の奴隷」であるか、ということに気づかせてくれます。表面的な部分というか、見てくれに惑わされてしまうのです）。

⑤①から④を体験したことを通じての振り返りを書いてもらいます。それには、明日からでもやろうと思ったことも含まれます。書き終わったら、グループの中で一番印象に残っていることと、やろうと決めたことを紹介し合って、終わりです。私は、各自が書いた振り返りの用紙を集め、それを次回以降の研修の参考にさせてもらうというわけです。

以上、紹介した進め方は、必ずしもベストのものではありません。ベストのものなどないのかもしれません。常に、ねらいや、対象や、研修全体の中での位置づけや、与えられている時間などで進め方は変わるわけですから。

私にとってここ十年ぐらいの最大の関心事の一つは、最後の「与えられる時間」を依頼された時点で変えてしまうことです。それはもちろん、私が納得いく時間をもらうためではなく、「ねらい」を聞いたうえで、それを達成するために必要な時間を確保してもらうためです。主催者や企画者が、このことをまったく考えずに繰り返し同じような研修を続けていることが、研修に対して悪いイメージ、つまり「研修は役に立たない」というイメージを参加者に持たせる原因になっていると思うからです。

このように「会議」をテーマにして行った研修会の一つは、参加者たちのエネルギーをうまく引き出し、参加者によるメーリングリストの作成、いろいろな職場での会議を変えるための実践、そして研修会自体の報告書をワークショップ形式で作成する（それも、なんと二七回も集まりを持つ）ことに発展しました。報告書に関心のある方は、chariwate@yahoo.co.jp へご連絡ください。

新しい学びの流れに即して考えれば、ここで紹介すべきは①の会議の自己診断だけでよかったのかもしれません。確かに、会議をテーマにした研修の流れの②は、次で扱う体験や情報の振り返り／共有ですし、③は一三〇ページ以降で扱う「応用する（練習する段階）」ですし、④や⑤は一三六ページ以降で扱う「プログラム全体の振り返りと評価」と捉えることもできます。

(3) 体験や情報の「振り返り」と「共有」(注3)

「三つのWhat」「マッピング」「たとえ」

この段階は、(2)で体験したことや得た情報を、自分のそれまでの体験や知識と照らし合わせたり、他の参加者の振り返りからも学ぶ部分です。

これまでの学びの流れでは、この部分はほとんど存在していませんでした。講師が話したことはそれを聞いている受講者が全部理解できるという前提に立っていましたから、必要性すら感じなかったのでしょう。しかし、第1章や第2章で説明したように、講師の言ったことはそのまま覚えられるのではなく、受講者各自がそれまでに蓄積している体験や情報と照らし合わせながら、新しい知識をつくりだすプロセスこそが「学び」です。その意味では、体験したり、新しい情報を得る部分と、この振り返ったり、共有したりする部分を半分半分ぐらいのウエートづけにするのが望ましいとさえ言えます。

さらに言えば、学習者は一人ひとり、それまでの体験や蓄積している情報がみんな違いますから、講師が言ったこととある程度の関連は持ちながら、一人ずつ異なったことを学んでいます。もちろん、中には「講師の言っていることはおもしろくない」と決め込んで（つまり、講師の扱っているテーマがおもしろくないということを学んで）、他のことを考えたり、隣の人や携帯電話を使って話し始める人もいるかもしれません。

「熟慮しながら学ぶ（reflective learning）方法を身につける」というサブタイトルのついた『「考える力」はこうしてつける』（前掲）と『学校を良くするために振り返る（Reflective Practice to Improve Schools）』（Jennifer York-Barr 他著、Corwin Press,2001）は、まさにこの振り返りと共有の仕方に焦点を当てた本ですが、いくつか効果的な方法を選りすぐって紹介します。

まず、振り返りには、以下のようなことが不可欠です。

・意図的に間を取る。じっくり考えてみるための時間を確保する
・異なる視点を受け入れる態度
・自分の考えを意識的に観察したり、分析したり、まとめ直したりする
・信じていることや目標やしていることを吟味する
・新しい視点や理解の仕方を獲得する

形態としては、一人、二人、グループ、そして全体で振り返る方法があります。一般的に使われる一人でする振り返りの方法には、ジャーナル（日誌）を書いたり、自問自答したり、自己評価したりなどがありますが、ここでは以下の四つを紹介します。

なお、ジャーナルを使った優れた学びの事例は、『ペアレント・プロジェクト』（ジェイムズ・ボパット著、新評論）と『「考える力」はこうしてつける』（前掲）で紹介されています。書くのは、文章だけでなく、絵やスケッチ、概念図など、自分の思考を助けるものであればなんでもかまいません。

振り返りのための三つのWhat ―― What? So what? Now what?

第1ステップは、何を学んだのか、何が起こったのかを自分の言葉で書き出します。
第2ステップは、自分にとっての意味、考えついた疑問や質問などを書き出します。
第3ステップは、この学びから得た教訓、今後自分はどうしたいかなどを書き出します。

マッピング

連鎖図、クモの巣図、概念図、ウェブなどとも言われています。ジャーナルに書くことは直線的な思考であるのに対して、この方法は流動的で、物事のつながりや関係を表すのに適しています。また、全体像を一目で見られるという大きな利点もあります。

たとえ

比喩やたとえ、あるいは類似するものを使って、学んだことを表してみる方法です。これは、それまでに自分が蓄えている知識や情報との関連を見出すことを意味し、自分の中で学んだことを咀嚼《そしゃく》する行為です。

用紙に書き込む方法

すでに一二一ページで紹介した方法は、この一つのやり方ですが、ここではもう一つ別な用紙を紹介します（図3を参照）。

二人でする振り返り／共有には、まずは一人でしばらく考えてから、考えたことを紹介し合う方法（各自がまず書いてから、それを相互に交換する「交換ジャーナル」も効果的）と、最初から二人で共有する方法があります。

後者は、言葉にすること（相手に話すこと）によって理解が深まることや、相手が言ったことから自分の理解が深まったり、広がったりすることを利用した方法です。また、二人であれば、どちらかが話して、もう一方は聞きますから、仲間はずれになる人は一人もいないので、ある意味では一番効率的です。具体的には、①講演の合間に五分間ぐらい二人で聞いたことに関する感想や質問などを話し合ったり、②グループや全体での話し合いの前の準備段階として二人で話し合ったり（恥ずかしがり屋の人も、一度公言したことは、たくさんの人の前でも言いやすくなります）、③全体で話し合いをしているときに、発言のチャンスを失っている人がたくさんいると判断したときなどに使います。

三～六人ぐらいのグループでする振り返り／共有も、二人で振り返るときの①から③の方法はそのまま使えます。ほかには、実際に体験を伴う活動（ロールプレイやシミュレーションやビジュアライゼーションや社会見学／先進事例の見学など）をした後に、自分たちは何をした／見た

図３　振り返りシート

よかったこと	悪かったこと（改善を要すること）
まだはっきりしない疑問や質問	これからやろうと思ったこと

のか、何を学んだ／発見したのか、そして自分たちは体験したことをどう活かせるのかなどについて話し合うときにも使えます。このような体験の後の振り返りは、講師の投げかける質問が話し合いの質を決定づけるのでとても大切です。前述の『「考える力」はこうしてつける』は、一章をそのために設けていますから、参考にしてください。

一人でする振り返りとして紹介した「たとえ」は少人数のグループでも使えます。各自がイメージしたことを紹介し合うことによって、学びが深まったり、広がったりします。

その他の効果的な方法として、ＫＪ法を使った方法があります。それは、各自に小さな紙片をたくさん配り（Ａ４の紙を配り、八つのカードの大きさに各自で切ってもらってもいい）、一人

です る振り返りの「振り返りのための三つのWhat」や「用紙に書き込む方法」の項目などを一項目一枚の紙片に書き出してもらいます。それを、小グループになって互いに書いたものを紹介し合いながら分類していきます。

一三四ページで紹介しますが「批判的な友だち」は、グループでも、ペアでも、全体でもできる、振り返りと共有の卓越した方法です。

全体でする振り返り／共有は、講師の話を聞いたり、実際に体験を伴う活動をした後に、講師の投げかける問いかけに参加者が反応する形で話し合いが展開します。その際のポイントは、質疑応答の形で展開するというよりは、参加者同士の話し合いに発展したり、参加者の側から多様な問いかけが出される方が好ましく、講師の側にはそれを可能にするような質の高い投げかけが求められます。

たとえ同じ体験をしても、学ぶことや気づくことは各人各様で、極めて幅の広いものになります。それをどれだけすくい上げ、深められるかは、講師の問いかけと雰囲気づくりにかかっています。

（注3）振り返りは、reflectionやdebriefingやprocessingの訳です。ちなみに、振り返るときに使われる（養われる）能力には、以下のようなものが含まれます。質問する力、大切なものを選び出す力＝批判的思考力（吟味する、はっきりさせる、系統立てる、論理立てる、分析する、一般

化する、仮説を立てる、与えられている選択肢を検証する、予想するなど）、創造的思考能力（アイデアをつくりだす、他の方法を見つけだす、柔軟性、多様なアプローチができる、前提を疑ってみるなど）、目標を設定する力などです。

共有は、sharingの訳です。参加者が、互いの考えや思いや感想などを紹介し合い、自分たちの共有のものにしていくプロセスのことです。「紹介し合う」でも間違いではないのですが、「共有」に込められたニュアンスの違いを大切にしたいと思います。共有することを通じてどのような力が使われる／養われるかというと、「マルチ能力」でいうところの言語能力、論理的思考能力、自己観察・管理能力、人間関係形成能力ですが、細かく述べると以下のようなものが含まれます。

自己観察・管理能力には、自己認識（自分自身の気持ちとその影響を知る、自分自身のいい点と悪い点を知る、自尊感情など）、自分自身をコントロールする（自分のしたことへの責任、新しいアイデア、情報、アプローチへの柔軟な対応など）、やる気（常によりよいものを目指す、進んで挑戦する、プラス志向など）が含まれています。そして、人間関係形成能力は、思いやりや人の立場に立てる（他の人たちを理解する／関心を持つ／気持ちや視点に立てる、多様性を受け入れられる、助けられるなど）、ソーシャル・スキル（よく聞ける、説得力がある、衝突を回避できる、関係を築ける、協力できる、リーダーシップを発揮できる、チームづくりができるなど）です。そして、ぜひ忘れないでいただきたいことは、振り返ったり、共有したりするプロセスで得るものが単に多いだけでなく、とても**楽しい**ということです。

(4)応用する(練習する段階)

身につけ、実行するための方法

一一五〜一二二ページの職場研修での「インパクトのある体験や情報の提供」で扱った会議の事例をここでは、そのまま発展させる形で紹介していきます。そこで紹介した方法を問題発掘から問題解決への一つアプローチとして捉えて、その応用を紹介します。ちなみに、問題発掘から問題解決への流れは、基本的に目標設定から目標達成への流れと置き換えることができるということも忘れないでください。あるいは、一一八〜一二〇ページでは時間が足りないという理由で扱わなかった会議の課題の14番目の具体的な方法を練習して身につける、というふうに捉えることもできます。

まず、参加者は各自で自分が仕事上抱えている課題（ないし目標）を明確にします。はっきりするためには、二人一組になって質問し合うといいかもしれません（もちろん、部署の違う者同士が一緒になったときは、それぞれの仕事の概要を事前に伝え合うことも必要になります）。当事者ではない第三者的な質問をしてもらうことによって、担当者であるがゆえの思い込みや視野の狭さに気づかせてくれたり、課題や目標の捉え方や設定の仕方を変更せざるを得なくなる可能性もあります。

確認したうえで、課題ないし目標が明確になったら、それが改善ないし達成されたと言える状態はいったいどういう状態なのか、をできるだけ数値化する形で表します。これが明確であれば明確であるほど達成感を味わえますし、ぼやけていると何のために努力したのかわからないことを意味してしまいます。

例えば、ある地域で献血者の数を増やさなければいけない、という課題（目標の場合は、献血者の数を何人増やしたい、という言い回しになる）があるとします。例えば、昨年度の実績が四〇〇五人だとした場合、今年度は四五〇〇人を確保しなければならない、という具合に設定するわけです。

この現状から目標を達成するために、しなければならないことを明らかにすべく使える方法はいろいろありますが、ここでは「力の分析」という方法を使います。一番下には現状（＝昨年度の実績値）を書き、一番上には目標（＝目標値の数字）を書いて矢印で結びます。そして、左側には現状から目標に向かう力の助けになっていると思われる要因を思いつくだけ書き込み、右側には妨げになっている要因を書きます。献血について例示したのが、図4です。なお、「力の分析」は担当者だけでするよりも、多くの英知を集めて、突飛なアイデアも含めて多様な可能性が出された方が、目標達成の可能性も高くなります。

図4　目標を達成するための「力の分析」

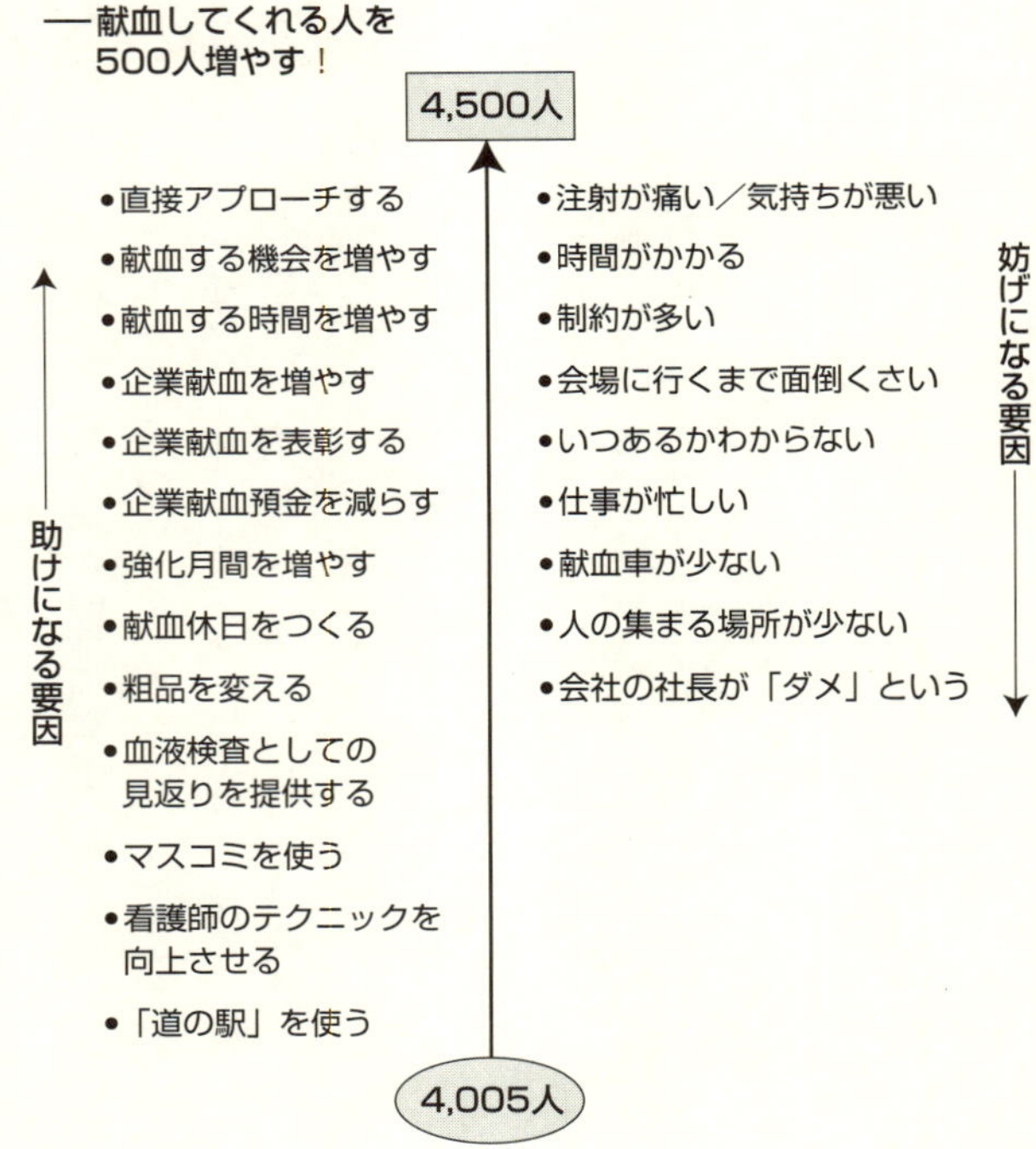

──献血してくれる人を
500人増やす！
4,500人
•直接アプローチする
•献血する機会を増やす
•献血する時間を増やす
•企業献血を増やす
•企業献血を表彰する
•企業献血預金を減らす
•強化月間を増やす
•献血休日をつくる
•粗品を変える
•血液検査としての見返りを提供する
•マスコミを使う
•看護師のテクニックを向上させる
•「道の駅」を使う
助けになる要因
•注射が痛い／気持ちが悪い
•時間がかかる
•制約が多い
•会場に行くまで面倒くさい
•いつあるかわからない
•仕事が忙しい
•献血車が少ない
•人の集まる場所が少ない
•会社の社長が「ダメ」という
妨げになる要因
4,005人

具体的に数を増やすために取り得る方法は、これらのアイデアの中にある可能性が大です。人数を増やすには、助けになっている要因をさらに確実なものにしたり、増強するか、妨げになっている要因をなんらかの形で消し去るか、弱めることによって可能です。なお、一回の「力の分析」でやるべきことが明らかになることは稀です。最も可能性の高

表４ 目標を達成するための計画づくり

テーマ・事業名：

目標：

指標：

対象：

時間：

スケジュール

時　期	誰が・何を・どこで・どうする（内容／方法など）

予算配分：

その他の資源（協力者など）：

記入者名：　　証人：　　上司：

い要因を一つ選んで、今度はそれについての「力の分析」をもう一度してみると、やるべきことが大分鮮明になります（必要があれば、再度行います）。しかし、現実的には一つの方法を選ぶというよりも、複数の方法が選択されることになると思われます。

計画は、それらを実行するためのスケジュール（予定表）ですが、その中には、いつ、誰が、何を、どこで、どうする（内容や方法）が明記されていなければなりません（表4参照）。

この表を書いた後で、計画に磨きをかけるために「批判的な友だち」という活動をします。まずは、誰か一人の計画書をコピーして全員に配り、簡単に説明してもらいます（なかなかボランティアでやってくれる人はいないので、「今日の研修で確実に一番得をする人です」と強調してください。なぜなら、全員のフィードバックが得られるからです）。その後は、以下の要領で進めます。

「批判的な友だち」の進め方

① 発表者が計画を説明する

以下は、残りの聞いている人たちがする。

② 不明確な点などを明らかにするための質問

③ 計画のいい点の指摘

④計画の悪い点を改善するための質問（発表者は、よほど答えたいものしか答えなくていい。大切なのはよくすることなので、発表者が答えを見出せたらそれでいいということ）
⑤ラブ・レター（発表者も含めて、全員が計画に対して「愛」を込めたフィードバックをする）

全員が書いたラブ・レター（紙の大きさは、A４の四分の一で十分）を集めたら、発表者に感謝を込めて渡してください。まちがいなく、最大のお土産になります。

以上の進め方からわかるように、「批判的な友だち」の最も特徴的な点は、発表者こそが主役だということです。そして、残りの参加者は「愛」を込めた「友だち」というかサポーターになる点です。本当に、ラブ・レターまでもらえるのが、なんともいいと思いませんか。

進め方がのみ込めたら、四人一組になってもらい（すでに発表した人は、好きなところに入ってもらえばいいでしょう）、今度は四人で①〜⑤のプロセスを順番にやります。従って、残念ながら残りの人たちは自分のも含めて四枚のラブ・レターしかもらえません。

最初の人には、説明なども加えて進めていきますから三十分ぐらいかかることもありますが、グループの中では、人数も少ないこともあって各自十〜十五分でできるでしょう。終わったグループから休憩に入ってもらえばいいのです。

ちなみに「批判的な友だち」は、発表者以上に聞いて、問いかけたり、いい点を指摘する他の人たちの力量が問われますし、その能力を養う練習にもなります。

「批判的な友だち」をしたことによって計画を修正した人には、修正を加えた計画を実行することを誓う意味も込めて、一番下の記入者名のところに署名してもらいます。「証人」と書いてあるところには、ラブ・レターを書いた人たちが署名し、その責任を取るために、「記入者」の連絡先をもらって、励ましの電話なり、メールを送ることが義務になります。また、職場に戻った後は「上司」にも見せて、しっかりサポートしてくれることを約束してもらいます。もちろん、事後承諾は基本的に好まれませんから、上司にも「批判的な友だち」をやってもらう機会を設けたうえで、最終計画にした方がいいでしょう。上司の立場にある人ほど、この「批判的な友だち」の方法を、日常業務の中で使いこなせないといけませんから。

(5)プログラム全体の振り返りと評価

同じ間違いを繰り返さない

振り返りが会議に欠かせないように（一一八〜一二一ページ）、学びのプログラムにも欠かせません。もしそれがないと、毎回同じ間違いを繰り返すことになります。いろいろな組織の過去の研修講座の記録を見せてもらうと、何十年もの間、テーマは変わっても同じやり方をしているところが圧倒的です。これは、最後の振り返りや評価をしっかり実施していないことの証明と言えます。振り返りや評価が行われていれば、同じことを繰り返せるはずがありません。たとえ企画者や講師が完璧と思える計画を立てたところで、実際に学習者主体にプログラムを進めて、かつ段階的な振り返りをしていくと、計画自体を修正する必要に迫られます。計画を重視するか、目の前にいる学習者の最大限の学びを重視するかと問われたら、その答えは考える必要のないほど明らかなのではないでしょうか。

しかしながら、学校教育においても、社会教育においても、企業などの研修でも、依然としてあまりにも多くの学びが、講師と学習者とのやり取りも、学習者相互のやり取りもほとんどなく、従って講師の計画を修正するためのフィードバックが得られないまま、研修の企画者や講師のシナリオ通り（ないし学校の場合は教科書およびその指導書の通り）に展開されています。

誰もが重要だとは感じていても、振り返りや評価がしっかり行われないのはどうしてなのでしょうか？　これも、おそらく「教えたことは学んだこと」という間違った前提によるところが大きいからです。もう一つは、振り返りや評価することの価値がまだ十分に認識されていないからかもしれません。

『最高のプレゼンテーション』（前掲）の著者のダグ・マルーフは、評価とは「何が起こったのか（あるいは、依然として起こりつつあるか）を理解しようとすること」と定義しており、それによって以下のようなことが可能になるとしています（『最高のプレゼンテーション』でも最終章で参考になる評価の仕方が紹介されていますが、ここで紹介するのは未訳の『楽しくエキサイティングに大人を対象に教える方法〈How to Teach Adults in a Fun and Exciting Way〉』の第14章の内容です。他に、参考にしたのはThe Winning Trainer,〈前掲〉の第19章です)。

・やりたいと思ったことができていたかを知る
・同じ過ちを繰り返さない
・すでにしてしまったことに修正を加えたり、次を改善する
・実際に、何を、どうしたのか詳しく説明できる

ユーモアたっぷりのマルーフは、なんとセックスを例にあげながら、その評価のポイントを説明しています。「セックスの直後にアンケート調査に答えてもらうことも、あるいは観察させてもらってノートを取ることも、考えられることではありません。しかしながら、充実したセックス・ライフを送るには、相手とのコミュニケーションを図ることは大切ですし、自分との対話をすることも役に立つことです。相手と自分が〝起こっていること〟についてどんな考えや気持ちを持っているのかを知ることによって、改善と、さらに充実したセックス・ライフを送る可能性が出てきます。しかし、それをしないと同じ過ちを繰り返すだけで、いいことは

ないかもしれません（さらには、破局に向かいかねません）」。彼は、学びの評価も同じだと言いたいのです。「公式の手順を踏む必要などはまったくなく、大切なのは、

・Ｓatisfaction（満足）
・Ｃommunication（コミュニケーション）
・Ｒesults（結果）
・Ｅxpectation（期待）
・Ｗorth（価値）

を押さえることである」と主張しています。「これら五つの視点からいい問いかけをすることによって、いい評価が得られることは間違いないでしょう」と。ちなみに、SCREWの意味をご存じない方は、英和辞典を引いてみることをお勧めします。申し訳ありませんが、日本語をここに書けないような意味なのです。彼のユーモアのセンスには敬服してしまいます。

さらに、マルーフは丁寧に、評価を実際にするときに以下のような注意を与えてくれたうえで、

・テーマに合わせた評価――水泳のレッスンで筆記試験をやっても意味はありません
・状況に合わせた評価――四〇〇人の対象を小グループにして振り返ってもらい、各グループから発表してもらうわけにはいきません
・対象に合わせた評価――たとえば、ポジションが上の人たちはアンケートなど書くことによるフィードバックを期待しているでしょうが、書く形以外でも自分を表現できる方法を提供してあげてください

と、評価する時期に応じた方法を紹介してくれています。巻末の資料編に、マルーフが紹介してくれている評価法を中心に、他の効果的な方法も併せて紹介しましたのでご参照ください。

第4章

仕事や生活に活かす

1 職場や生活で活きる研修プログラム

学んだことのたった一割しか活かされていない

ＥＱ（こころの知能指数）の概念を世に広めた心理学者のダニエル・ゴールマンは、次のように言っています。

研修参加者の多くは、自分の職場へ帰ったら実行すべきことを十分に理解して研修プログラムを後にするが、職場に帰るとその知識を実行することを怠るのだ。したがって、内容を頭で理解することは必要条件であるかもしれないけれども、そこで行動変容を引き起こすための十分条件とはなり得ない。（中略）知的学習は行動変容とは基本的な部分で大きく違っていることから、それぞれのための教育モデルにも大きな差が生ずる。知識の習得には、教室での学習が適切なやり方といえる。（中略）しかし行動変容となると、生活そのものが学習の舞台となり、相当長い期間にわたり実践を繰り返すことが要求される。（中略）新しい習慣が古い習慣にとって代わるに至るまでには、相当の練習が必要となる。ある政府機関に属するあるマネージャーは次のように述べている。「研修に送られた人々は、その学習内容を試す暇もなく職場に戻ってくる。その結果彼らはすぐ古い方法に戻ってしまう。せっかくの研修も職務に転換されるチャンスがないのだ」。しかし、人々が新しい習慣を上手にこなすことができるというレベルを超えて身につけた「しっかりした学習」にまで達すると、たとえプレッシャーが生じたときでも古い習慣に戻る可能性は大幅に減る。（中略）何日間より何週間のほうがよいし、何週間よりも何カ月間のほうがよい。態度や行動の変容など高度な習慣の場合には、最大の効果をもたらす練習時間は、三カ月から六カ月、あるいはもう少し長い期間が必要とされるのだ。（『ビジネスＥＱ』東洋経済新報社、二〇〇〇年、四一一～四一六ページの内容を要旨を変えない程度に修正）

「学んだことは使えるもの」という前提で、学校教育も成人の研修も行われていますが、実際はどうかというと、ほとんどは忘れたり、記憶に残るだけだったり、従って使われない、という寂しい現状です。右で引用したゴールマンは、「ある推計によると、企業内研修プログラムで教えられたスキルのうち、日々の職務遂行で活用されているスキルの占める割合は、たったの一割という暗澹《あんたん》たる低率に過ぎないと結論づけている」と述べています。

また、ゴールマンは、世界最大級の財務サービス企業で人材開発部門の長を務める人の発言を引用して、次のようにも書いています。「結局われわれが人材開発と研修に関して持っている唯一のハードなデータといえば、教室にやってきた人たちの頭数だけだ。各プログラムを何人が受けたかははっきりつかんでいるけれども、彼らがその研修から何を得たのかは皆目わかっていない。我々はこれを『ともかくスプレーをかけておいて、なんらかの効果が上がることを待つ』状況と呼んでいる。つまり誰でも研修に参加させて、幾分でも参加者に効果が出ればよい、という考え方だ」(『ビジネスEQ』〈前掲〉)。

この極めて寂しい状況を改善するためには、第3章で紹介したかなりの部分を実施したとしても、まだ不十分なので、あえてこの章を独立して設けることによって強調します。本章では、どのような条件がそろわないと使われるまでには至らないのか、そして実際使われるようにするためには、どのようなことをすべきかを明らかにします。

なぜ職場に戻ると実践できなくなるのか

せっかく研修を受けても、職場に戻ってから、新しく学んだことや身につけたことを実践できず、これまでのやり方を続けざるを得ない要因にはどんなものがあるのか、まず見てみましょう。

a 仕事が忙しく、研修で学んだことや身につけたことを活かせる状態にない

b 同僚たちが新しく導入しようとすることに対して好意的でない

ｃ　その他の問題（組織の再編、合併、あるいは個人的な問題など）を抱えている

ｄ　参加者が自分の能力に自信を持てない

ｅ　新しく導入しようとすることに対して、上司が好意的でない

この要因を考えたのは、ロバート・マークスで、五番目ｅの要因が存在する場合は、研修に参加すること自体を考え直す必要がある、と言っています。従って、研修に参加するためには、最低限上司のサポートを事前に得ておくことは必要不可欠だ、ということです。残りのａからｄの問題を参加者が抱えている場合は、研修の期間中にそれらへの対処法も身につけられるようにしないと、研修で学んだことが職場で導入されることはほとんど期待できないことを意味します（Transfer of Training, by Mary L. Broad and John W. Newstrom, Perseus Books）。

それでは、ａからｄまでの障害を乗り越えるためのプログラムとは、どんなものでしょうか。

１．習慣を改めることとは至難の業であることを認めること――それは、参加者の知識や能力の欠落とは別問題であり、妨げになっているどのような要因が存在しているかを知ることは、それを乗り越えるためのステップであることを強調します。

2．五つの要因のどれを抱えているかを各参加者に出してもらう――上記の五つを含めて各自が職場に戻ったときに妨げになっている要因を出してもらいます。

3．対処方法を出し合う――それぞれの問題を抱えているグループに別れて、ブレーン・ストーミングで対処法のアイデアを出し合います。例えば、より効果的な時間の管理、より効果的なコミュニケーション、優先順位の明確化、自分を批判しない、仲間を見つける（増やす）、達成できたら自分をほめる、データをしっかり集めるなどがあげられるかもしれません。

4．実際にそれらを可能にする練習をする――職場に戻ったら自分が抱えるであろう問題を乗り越えるために不可欠と思われる対処法を、講師からの情報提供なども踏まえながら、参加者相互にロールプレイなどの手法も使って練習します。

5．職場に戻って実行するための行動計画を立てる――この中には、自分がやるべきこと（例えば、しっかり振り返ったり、記録を取る）、参加者相互でやるべきこと（互いに励まし合う）、講師に求めること（励ましとコーチング）、上司に依頼すること（励ましとサポート）などが含まれます。

このマークスが開発した要因分析とその対処法のプログラムから言えることは、研修する内容を仕事で活かすためには、参加者が職場に戻ってからでは後の祭りであり、妨げになる要因を克服するための練習まで含めて研修プログラムの中でする必要があるということです。この点については、せっかく実施する研修が活かされないのですから、研修担当者は（参加者を送り出す上司も）肝に銘じておく必要があります。

２　研修で学んだことが実際に使われるための条件

職場での共有が鍵

ローズマリー・キャファレラは、これまでに出ている研修分野の文献を分析することによって、研修で学んだことが仕事で使われる際に影響を及ぼす要因を以下の六つに絞り込みました（Planning Programs for Adult Learners, Rosemary Caffarella, Jossey-Bass,1994）。

ａ 参加者——各参加者の特徴、経験、姿勢などが、何を学び、それをどう利用するのかに影響します。

ｂ 研修プログラムの形態と進め方——仕事に活かされることを補強するための方法を、研修が始まる前、間、後にやることができます。

ｃ プログラムで扱う内容——ねらいとして設定された知識・技能・態度は、学ばれるかもしれませんが、学ばれないかもしれません。参加者が学ばないと判断したか、講師の教え方が下手なのか、理由は二つです。

d　学んだことを活かすために必要な変化──変化の規模、影響、複雑さ、誰が関係するのかなどを明らかにしておく必要があります。

e　組織の状況──組織は人や制度や習慣や文化で構成されています。それらが変化や学びを受け入れたり、推進したりもしますが、一方で妨げる要因にもなります。

f　組織を取り巻く環境──組織に働く社会的、経済的、政治的な力のことです。それは限られた地域内に限定される場合もあるでしょうし、もっと広い範囲から影響を受けることもあります。

これら六つの要因は、いずれも仕事に活かす際に中立的に存在するのではなく、妨げの要因として働くか、助けになる要因として働くかのいずれかです。例えば、参加者が参加した研修の助けになる事前知識や経験を持っていなかったり、自分の仕事を少しでも改善しようという意識を持っていなかったり、また忙しくて時間がないといつもこぼしているかもしれませんし、一方、ちょうど参加する研修に適する知識や経験を持っていたり、自分の仕事に学んだことを活かそうとする強い意欲を持っていたり、研修で扱う内容が自分にとって必要だと思って自主

表1　研修で学んだことが仕事で使われる際に影響を及ぼす要因

	妨げになる場合	助けになる場合
b. プログラムの形態と進め方	・応用することが強調されていない ・フォローアップが計画されていない ・効果的でない仕事に活かすための練習しか行われない	・応用することがプログラムの中心に位置づけられている ・企画者は、仕事に活かしてもらうことこそが自分の役割と思っている ・現実的な仕事に活かすための練習が含まれている
c. プログラムの内容	・態度や技能面の変化こそが必要なのに、知識に焦点が当てられている ・参加者が使えるとは思えない	・極めて実用的 ・参加者がすでに持っている知識や経験に上乗せする形で研修が行われる
d. 学んだことを活かすために必要な変化	・現実的に捉えていない ・現行のやり方と矛盾する部分がある ・影響されるものが自分たちのものと思えない	・現実的で、実際達成できると思える ・十分な時間も提供される ・変化を支える環境が整っている
e. 組織の状況	・同僚や上司のサポートがない ・変化と相容れない褒賞制度が存在している ・学びを奨励しない環境がある	・上司や同僚のサポートがある ・変化を促進する褒賞制度になっている ・新しいものを受け入れる素地がある
f. 組織を取り巻く環境	・経済的に悪くなる ・変化を好まない社会状況がある ・リーダー的な立場にいる人たちが変化を好まない	・好ましい経済的な状態をもたらす ・鍵となる人たちのサポートがある ・変えようとする政治的機運がある

的に参加してくるかもしれません。b～fの五つの要因については表1を参照してください（キャファレラ、前掲）。

また、これらの要因は、研修の企画者や講師が影響を及ぼしやすいものと、そうでないものにも分けられます。何よりも自分たちで変えやすいのは、bの研修プログラムの形態と進め方です。それ以下は、次のような順序です（キャファレラ、前掲）。

a 参加者と、c プログラムの内容
e 組織の状況
d 学んだことを活かすために必要な変化
f 組織を取り巻く環境

まずは最も影響力を持てるところ、すなわち、b研修プログラムの形態と進め方についてしっかり影響力を行使する必要があります。そのためには、第3章で紹介した内容を押さえるべきですが、それだけでは十分ではありません。研修で学んだことを仕事に活かすためには、さらにどのようなことが必要かを見ていきましょう。

参加者については、一人で参加するよりは、仲間や同僚と、さらにはチームで参加した方が、研修後に実践する際や職場や地域などで普及する際に互いにサポートし合えるので効果的です。例えば、毎年各部署や各地域一人ずつを対象にして研修するよりも、一年目は半分の部署や地域で二名ずつ、二年目に残りの部署や地域で二名ずつを対象にした方が、効果は倍以上になります。習慣として根づいているこの悪平等は、研修を何年やっても何も変わらない大きな原因です。理想的には、その部署や地域全体で参加することです。

同じことは、学校や役所や企業で当たり前のように行われている年次研修や階層別研修にも言えます。これも各部署一人ずつですから、自分が学んだことや体験したことを共有できる人が身近にいないので、あえて活かしにくい中で研修を行っていることになります。

3　研修を仕事や生活に活かしてもらうための具体的な方法

研修前・中・後の多様な方法を組み合わせる

ここでは、いつ、誰が、どのような方法で研修を仕事に活かすのかについて紹介します。タイミングとしては、研修前、研修の期間中、研修後の三種類があります。誰を主な対象にして行うのかということでは、参加者、企画者、講師、そして組織の場合は上司や同僚など四つの対象が考えられます。

講師は参加者への高い期待を示し続ける☆5	x	x		x	
鍵となる人々を参加者が仕事に活かすプロセスに巻き込む	x	x	x		x
フォローアップの研修を行う☆6	x	x	x	x	
同窓会を設ける	x	x	x	(x)	
過去の参加者を講師として使う	x	x	x		
講師養成の研修会を開催する	x	x	x	x	x

☆1 これには、①上司は参加者を戦略的に選ぶこと、②可能な限り1つの部署からは複数の参加者を派遣すること、③研修のねらいや内容、組織にとっての重要性を事前に参加者に説明してもらうこと、④参加者が研修前・中・後に必要な時間を提供すること、⑤研修で学んだことを仕事に活かした場合の褒賞などを決め事前に知らせること、⑥できるだけ自分も参加して研修の重要性をモデルで示すこと、⑦研修への関心を示し続け、研修中・研修後を通じて頻繁に参加者とミーティングを持つ（励まし続ける／高い期待を持ち続ける）ようにすること、⑧研修後に、参加者が滞った仕事に溺れてしまわないように配慮し、参加者が学んだことを仕事に活かすのをサポートすること、⑨学んだこと／導入しようとすることに関する意思決定に参加者を加えること、⑩参加者が同僚たちに、学んだこと／導入しようとしていることを紹介する機会をつくる、⑪参加者がフォローアップの研修や同窓会的なミーティングに出席することもサポートする、⑫参加者のモデルであり続けること、そして⑬達成したことは広く周知すること、などが含まれます。

☆2 ピアは同僚という意味です。これは、専門のコーチによるコーチングではなく、同僚同士が相互にコーチングし合う方法です。しかし、事前にやり方を練習しておくことが欠かせません。大切なのは、教え合うことではなく、いい質問をし合うことです。

☆3 学ぶ際に大切なことの1つが、この間違って身につけてしまったものを捨て去ることです。英語では unlearn と言います。学んだことを捨て去る、という意味です。それは、新しいことを学ぶのと同じか、それ以上に大切であるとされています。

☆4 219ページで紹介しているような、研修でのハイライトおよびその応用例を記入するような用紙があるだけでも、大分違います。

☆5 人は高い期待を持たれると、それに反応する形で力相応（あるいは、以上）の能力を発揮すると言われています。このことを、ピグマリオン効果と言います。

☆6 これは研修の後に追加をする方法ですが、研修自体を数回に分けて行う方法もあります。1回目に集まった後に、しばらく実践に移す期間を設けたうえで、2回目を持つ、さらにそれを繰り返す方法も考えられます。この方法を使ったものに、アクション・ラーニングがあります。詳しくは、『「学び」で組織は成長する』（光文社新書）の117～124ページをご参照ください。

（キャファレラ、ブロード&ニューストロム、エイティングトンの著作を参考にしながら作成）

表２　研修を仕事に活かしてもらうための様々な方法

方　法	いつするか?			誰が対象か?			
	研修の前	研修の間	研修の後	参加者	企画者	講師	上司・同僚
計画の段階で鍵となる人々を巻き込む（例えば、ニーズ分析などの形で）	x			x	x	x	x
研修の前に上司の研修を行う	x				x	x	x
研修の前に参加者に取り組むプロジェクトを選ばせる	x			x	x		x
事前に調査（事業や組織の現状分析）を行う	x			x	x		x
研修を組織の政策や事業などに関連づける	x				x		x
参加者各自の学習計画を立てる	x	x	x	x	x	x	x
研修を上司の指導と関連づける☆1	x	x	x	x			x
参加者に能力のある先輩をはりつける	x	x	x	x	x		x
研修に職場の人たちをできるだけ巻き込む		x		x	x	x	x
応用するための練習やシミュレーションをする		x		x		x	
参加者の自己評価をする		x		x		x	
講師は参加者に対して一般的なフィードバックではなく、できるだけ個別的なフィードバックを与える		x	x	x		x	
研修終了後に行うプロジェクトを提示する		x		x		x	
職場に戻ったときの障害を乗り越える練習をする		x		x		x	
参加者各自が研修終了後の実行計画を立てる		x	x	x		x	x
参加者がグループで実行できる計画を立てる		x	x	x			
参加者が相互にピア・コーチングができるようにする☆2		x	x	x		x	
参加者相互のサポート・グループをつくる		x	x	x		x	
終了後に助けになる資料などを提供する		x	x	x	x	x	x
仕事に活かすために必要なスキルや態度をモデルで示す		x	x	x		x	x
これまでの悪い習慣を捨て去ることは容易ではなく、新しいことを学ぶのと同じくらい時間をかける☆3		x	x	x			x
参加者が自分で進捗状況をモニターできる資料を提供する☆4（ジャーナルをつけることも効果的→ネットワークに活用）		x	x	x	x		x
継続したネットワークを維持する（ニュースレターやメーリング・リストの形で）			x	x	x	x	
参加者は自己管理に努力する			x	x			
参加者は研修したことを振り返る			x	x			

これら二つを横軸に、様々な方法を縦軸にしてつくったのが表2です。

これだけの多様な方法が存在することに、まず驚きます。そして、私たちはこの中のいったいどれだけを使っているでしょうか？　研修を本気で活かすためには、イベントとしての研修では到底仕事に活かされることは期待できず、これらの方法とどう組み合わせるかを事前に考えておくことが求められるわけです。

また、注意すべきは、対象となる参加者に応じて利用する方法を選ばなければならないということです。例えば、自立志向の強い参加者の場合は、個人のプロジェクトや行動計画を立てたりします。また、協力して学び合うことを大切にしたい参加者には、ペアやグループで互いに助け合いながら仕事に活かす方法が考えられますし、権威の傘のもとで能力を発揮する人たちにとっては上司を巻き込むことが不可欠といった具合です。

ある研修会に参加した四八人の参加者たちが選んだフォローアップの方法として、チャンピヨンは以下のようなものを紹介しています（Learning the Craft of Training, 前掲）。

・頻繁なEメールによるニュースレター　17人
・上司のサポート　16人
・六カ月後の再会　13人

・専門家が実施しているところを観察する　10人
・講師による一対一のフィードバック　８人
・研修の場で実行計画をつくる　８人
・参加者相互のピア・コーチング　８人

そして、彼女は以下のようなコメントも付け加えています。「フォローアップは、極めて個人的なものです。したがって、インフォーマルなニュースレターが一番効果的だと思われます。その際、執筆者の名前をはっきりさせたり、努力をほめたり、アイデアを共有し合ったり、参加者同士の出会いを生むことが大切です。何よりも**励まされること**が大切で、出す頻度は頻繁な方が効果的でしょう」と。

ニュースレター以外に効果的な方法として、ピア（同僚との「相互」）・コーチング、二人での情報交換、そしてピクニックなどをあげています。私自身も過去五年ぐらい愛用しているのは、「研修の場で職場に戻ってからの実行計画を立てる」「サポートし合える三〜四人の仲間づくりをする」そして「メーリングリストをつくって、参加者同士が相互に情報交換したり、励まし合う」の三つです。研修前や後にフォーマルな形でかかわれない状況では、これぐらいしかできないのです。

4 マトリックス――研修を活かすためのキーパーソンは誰か？

企業では「研修前」「上司」が重要

ブロードとニューストロムによって書かれた『研修を仕事に活かす（Transfer of Training）』は多くのスペースを、(3)で紹介した具体的な方法に割いていますが、最も大切なことは、組織の人間を対象に行われる研修の場合、①研修の期間中ではなく、研修前こそが重要であること、②講師や参加者よりも上司こそが研修を仕事に活かす鍵を握っている、という二点だとしています。

すでに、一九八〇年代の前半にジョイスとシャワーが教員研修について行った研究の結果から、研修後の活動こそが研修で実際学んだことを活かす最も重要な要因であることは私も認識していましたが、以上の二つの点はまったくの盲点でした。そもそも、ジョイスとシャワーの研究自体、研修中と研修後にしか焦点を当てたものではありませんでした。なお、ジョイスとシャワーの研究結果を簡単に要約すると、表3のように表せます（Adapted from the research of Bruce Joyce, Standards for Staff Development, NSDC, 1995）。

数字は、残る確率（ないし活きる確率）を表しています。例えば、従来の講演中心の研修や

表 3　研修の方法によって変わる効果

研修の要素	理　解	技能の習得	仕事への応用
理論	85 %	15 %	5 ～ 10 %
理論＋実例紹介	85 %	18 %	5 ～ 10 %
理論＋実例紹介＋練習	85 %	80 %	10 ～ 15 %
理論＋実例紹介＋練習＋サポート	90 %	90 %	80 ～ 90 %

あるべき姿を実例として紹介するだけでは、知識理解のレベルに留まるだけで、実際仕事に応用されることはほとんど期待できないことを示しています。研修の期間中に練習の機会を提供すると、技能面の習得にはなりますが、仕事への応用の数字はそれほど伸びません。それが、研修後にピア・コーチング、先輩や上司によるメンタリング、グループで助け合うことなどによって、数字が大幅に上がるのです。

ジョイスとシャワーは、研修中に応用のための練習をするだけでは不十分で、仕事の現場でこそ練習をすることの重要性を強調していました。例えば、それまで一斉授業しかしてこなかった教師が、グループ活動を導入しようとする際に、他の教師たちを生徒に見立てて研修中に練習する限りにおいては当然うまくいきますが、実際に生徒を対象に同じことをしようとするとうまくいかず、すぐに一斉授業に戻ってしまう、と言っています。そうならないためには、研修会の参加者同士の助け合いや、講師によるコーチングや、励ましが不可欠なだけでなく、教室に戻ってから二

図1　研修の際の受講者、講師、上司の関係

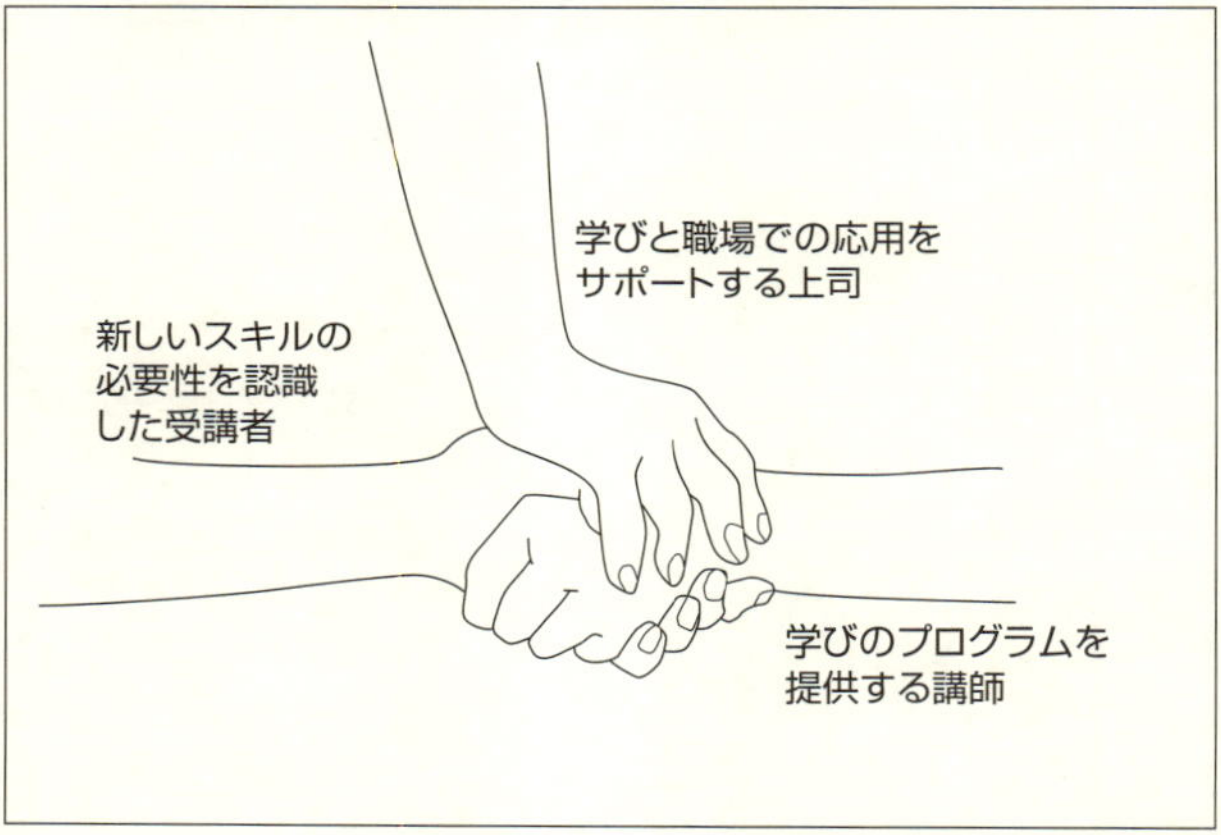
学びと職場での応用を
サポートする上司
新しいスキルの
必要性を認識
した受講者
学びのプログラムを
提供する講師

（出典：Transfer of Training, 前掲）

〇回くらいの実際に子どもたちを相手にした形での練習が必要だと主張しています。また、研修にかかる予算などの半分は、研修が終了した後のために確保しておくべきであることも強調しています。それが、研修が実際に仕事に活かされる条件だからです。

第3章でその概要だけを紹介した社会教育の事例は、まさにこの点に最初から気をつけながら実施した研修の例です。私としては、半分どころか、かかわるすべての人が使うエネルギーの八割以上は、事業としての研修が終わってからと位置づけていたくらいです。ただ、参加者に応募段階や研修中にそんなことを言ってしまうと、逃げられてしまいますから、絶対に言ってはいけませんが。

繰り返しますが、ブロードとニューストロ

ムは研修には直接かかわらない上司の役割と研修前の方向づけこそが重要であることを示してくれました。上司の役割については、右の図がそれを象徴的に表しています。

従来の研修をよく解釈すれば、企画担当者が下から両者の手を支え持っているような手が描けたかもしれませんが、図にあるように上司の手が上から差し伸べられることは考えもしませんでした。組織で研修を活かすには、これこそが鍵なのです。

参加者を主役にするために、企画者・講師がサポート

これまで行われている研修を、横軸に研修前、研修中、研修後をとり、縦軸に上司、講師、参加者をとった場合、研修で学んだことを参加者が活かすために努力している順番を示すと表4のようになります。

しかし、理想の順番は表5であると、ブロードとニューストロムは主張しています。

この二つの表の違いは、かなり大きいものがあります。私は、参加者の研修後が六番目というのは低い気がします。

通常日本で行われている研修をこのようなマトリックスで表すとどうなるでしょうか？

私は、1から4ぐらいまでがなくて、残りの配列は表6の通りです。8は全員ではなく、やる気のあるごく少数の人たちです。

表4　これまでのウエートづけ

	研修前	研修中	研修後
上　司	5	6	9
講　師	2	1	7
参加者	8	3	4

表5　これからのウエートづけ

	研修前	研修中	研修後
上　司	1	8	3
講　師	2	4	9
参加者	7	5	6

ちなみに、第3章の社会教育の例として紹介したものを委託されたときに、私が考えた数字は表7のようなものでした。

この研修に実際参加した人のうち七人に、研修に参加する前と、研修が終わってから約二年後の時点でのマトリックスを描いてもらった結果は、それぞれ表8と表9のようです。数字の右側の( )の数字は七人のうちの回答者数を表しています。

実際に参加する前には、半数の人が企画者の研修中および研修後、講師の研修後、参加者の研修前の役割は何もないと感じていたようです。数字を書き込むことすらしなかったのですから。ほとんどの人は、講師こそが研修前と研修中の主役であると思っており、約半分は研修後に企画者のかかわりも、講師のかかわりも期

表6　通常日本で行われている研修のウエートづけ

	研修前	研修中	研修後
企画者	7		
講　師	9	5	
参加者		6	8

表7　「研修の終わりが始まり」を可能にするウエートづけ

	研修前	研修中	研修後
企画者	7	6	3
講　師	2	9	8
参加者	5	4	1

待できないと思っていたわけです。要するには、研修で学んだことは参加者に一任されているわけです。ある意味では、そのようなやり方が今でも当たり前のように行われている、ということです。

約二年後の時点で七人の参加者のイメージは、講師役を務めた私のものに大分近づいています（もちろん、同じになる必要はありません）。

ここで、表7の解説をします。まず、主役は誰か？　参加者につきます。特に、研修後は。研修が終了したときこそをスタートとして設定し、研修はそのための準備と位置づけていました。ですから、間違いなく研修後の参加者が1です。

それを可能にするためには、参加者の研修期間中のウエートづけが4というのは物足りな

表8　実際に研修に参加する前のイメージ

	研修前	研修中	研修後
企画者	3（7）	6（4）	9（4）
講　師	2（6）	1（7）	8（4）
参加者	7（4）	4（7）	5（5）

表9　約2年後のイメージ

	研修前	研修中	研修後
企画者	5（7）	9（5）	8（7）
講　師	3（7）	1（7）	7（7）
参加者	6（6）	3（7）	2（7）

いかもしれません。誰に頼まれるわけでもなく、研修後主体的に動けるためには、それなりの体験というかかかわりを持っていないといけないわけですから。その意味では、2か3の数字の方が適切なのかもしれません。しかし、研修中の三者の中では参加者のウエートづけが一番高くしてあります。また、参加者の研修前の数字は5にしましたが、実際に研修に参加する前の動機、期待、思いなどは、研修中や研修後にも大きく影響すると思います。

講師と企画者の役割は、研修後、参加者が主体的に動けるようにするために最大限サポートすることにつきます。さらに言えば、講師は企画者のサポート役でもなければいけません。ここでは、講師の研修前を2にしていますが、その理由は、何をテーマにするか、どういう研修をするか（どんな情報や体験が役立つか、それをどのように提供していくことが「研修終了時こそをスタートライン」にすることができるか）、さらには研修後の活動のイメージまでを明確に持っていないとまずいからです。もちろん、企画者がこのようなイメージを持っている場合は、研修前の企画者と講師の順番は逆になります。企画者が自分のイメージに合った講師を探せばいいだけですから。その意味では、企画者と講師は二人三脚です。

企画者の研修後を3にしていますが、これは参加者の研修後を1にするためには不可欠なことだからです。そうなると、企画者の研修中のかかわりも、とても大切になります。参加者の意気込みやグループ全体の雰囲気を感じとって、積極的に研修後につなげていく判断を下さなければならないからです（次年度の予算や事業計画が常につきまといますから）。

ちなみに、研修中の講師のウエートの低さに驚かれる方もいるかもしれません。研修前にかなりのイメージをつくり上げていたわけですから、基本的には研修中はそれを「こなすだけ」というニュアンスがあったことによります。それが、参加者たちのウエートづけ（表8と9）と大きく異なる理由です。だからといって、手を抜いていたわけではもちろんありません。なんといっても、参加者に「研修終了時にスタートライン」に立ってもらわなければならないのですから、最善の体験、出会い、発見、創造をしてもらうために全力投球していました。研修後の方が研修中よりも数字が上なのは、時間の長さにもよりますが、フォローアップというか、アフター・ケアの方がはるかに大切だとも思うからです。

いずれにしても、ねらいやテーマや対象（参加者）や主催者／企画者の思惑などの様々な状況によって異なりますから、納得いく唯一絶対の数字の配列はありません。しかし、研修を企画したり、講師役を務めたり、あるいは参加者としてかかわる場合にも、このマトリックスについて考えるのと考えないとでは、大きな違いが生まれることだけは確かですし、できるだけ早く表5や表7に移行すべきだと思います。

学校の場合、このマトリックスを他人事《ひとごと》として位置づけてしまうのではなく、縦軸と横軸はどうなるかも含めて（特に大切なのは、縦軸の上司や企画者に相当する部分は誰になるのかということですが）、数字の配列がどうなるのかを考える必要性は、社内研修や社会教育と同じレベルであることを忘れないでください。

5 研修以外にもある多様な「学び」の方法

「数人」「手軽」「継続的」が実践につながる

最後に、私たちが犯しているもう一つの悪い習慣について指摘しなければなりません。それは、スタッフの力量を向上させるための研修方法をあまりに狭く捉えすぎているということです。例えば、教える立場にある教師は、当然のことながら常に学び続けていなければいけないわけですが、その仕組みがほとんど存在していないのが現状です。実際、教師たちが自分たちの学び、ないし研修ということでイメージしているのは、教育センターなどで行われる出張研修と自分の学校で行う校内研修・研究の二つくらいです。私が現在知る限りでも、表10のように多様な学びの方法があるにもかかわらずです。

これからは、従来からのイベント的に行われる研修のイメージで捉えられるものよりも、それ以外のもの（仕事により密接に結びついたもの）や、一人や二人や数人で手軽に、かつ継続的にできるものなどが好まれて実践されていくことになります。また、そうならないと実践面での変化は期待できません。

なお表10の方法は、そのほとんどが他のあらゆる職種の人たちにも応用可能であることは言うまでもありません。表10の多様な学び方を教師に限らず、広く一般対象に向けて書いたものとして拙著『「学び」で組織は成長する』（光文社新書）がありますので、参考にしていただければ幸いです。

さらに付け加えれば、テーマや課題によっては研修（や学び）以外のアプローチの方が望ましいことすらあります。換言すれば、研修は決して万能ではない、ということです。ほかの方法としては、人事（採用、異動、退職）、職務の見直し、コミュニケーションの見直し、職場環

表10 教員にとっての多様な「学び」の方法

一人で
1 ジャーナル（授業日誌）
2 ポートフォリオ
3 ネットワーキング
4 自己開発計画
5 外部講座への参加
6 生徒の話を聞く。アンケートを取る
7 シャドーイング（生徒の後をつける）
8 ビデオを撮る／テープに録音する
9 本や雑誌を読む
10 e-learning
11 自分の実践をまとめて発表
12 7年目のサバティカル
13 無給長期休暇の奨励

二人で
1 同僚との相互コーチング
2 交換ジャーナル
3 メンタリング
4 複数の教科を合科で教える
5 授業案共同開発
6 相互に授業観察
7 週ごとに振り返り

チームで
1 教科ごと（学年ごと）の研究会
2 学習サークル（読書サークル）
3 カリキュラム開発
4 チーム改善計画
5 アクション・リサーチ
6 アクション・ラーニング
7 変化のチーム
8 QCサークル
9 描写レビュー
10 生徒のテストや作品などを検討する

学校ぐるみで
1 授業研究
2 学校改善計画
3 職員会議を学びの場に
4 研修の指導者養成
5 ワークショップ
6 大学との連携
7 哲学クラブ
8 合宿
9 他校訪問
10 全員参加型のニュースレター

境の整備、組織全体の改革などがあります。テーマや課題によっては、それらと研修（や学び）を並行してやっていくことで、効果を上げることにもなります。

なお、この章では事例の多くを企業研修から引きましたが、ＰＴＡなどを含めた社会教育や学校教育において参考になる方法として、『ペアレント・プロジェクト』（前掲）で紹介されているワークショップを推薦します。従来のイベント的な研修や授業から、継続的なワークショップ的な学びに転換することで、生活のレベルでの実践が伴う形でさまざまなことに取り組めるようになります。

第5章
「学び」をサポートするためにすべきこと

図1は、生徒や受講者の主体的な学びをつくりだすために、教師や講師に求められる資質（知識・技能・姿勢）をまとめたものです。

かなりの部分はすでに第2章から第4章で扱ってきましたから、まだ触れていない部分（☆印）を本章では見ていきます。

1　問いかけを基調にした教え方

疑問点を洗いだし、答えを見つけさせる

私に教師や講師の投げかける質問の大切さを教えてくれたのは、一九八六年に出合った『ワールド・スタディーズ――学びかた・教えかたハンドブック』（サイモン・フィッシャー、デイヴィッド・ヒックス著、ERIC）でした（この本が、あのカウンセリングで有名なカール・ロジャーズから大きな影響を受けていたことを後で知りました。私がこれまでに読んだ教育関係の本で一番感動を与えてくれたのは、カール・ロジャーズ著のFreedom to Learnの第三版です。この本は、著者本人が亡くなった後に彼の支持者との共著の形で出された本です。日本では第二版の翻訳が『新・創造への教育』〈全3巻、岩崎学術出版社〉として入手可能です）。

図１　生徒や受講者の主体的な学びをつくりだすために教師や講師に求められる資質

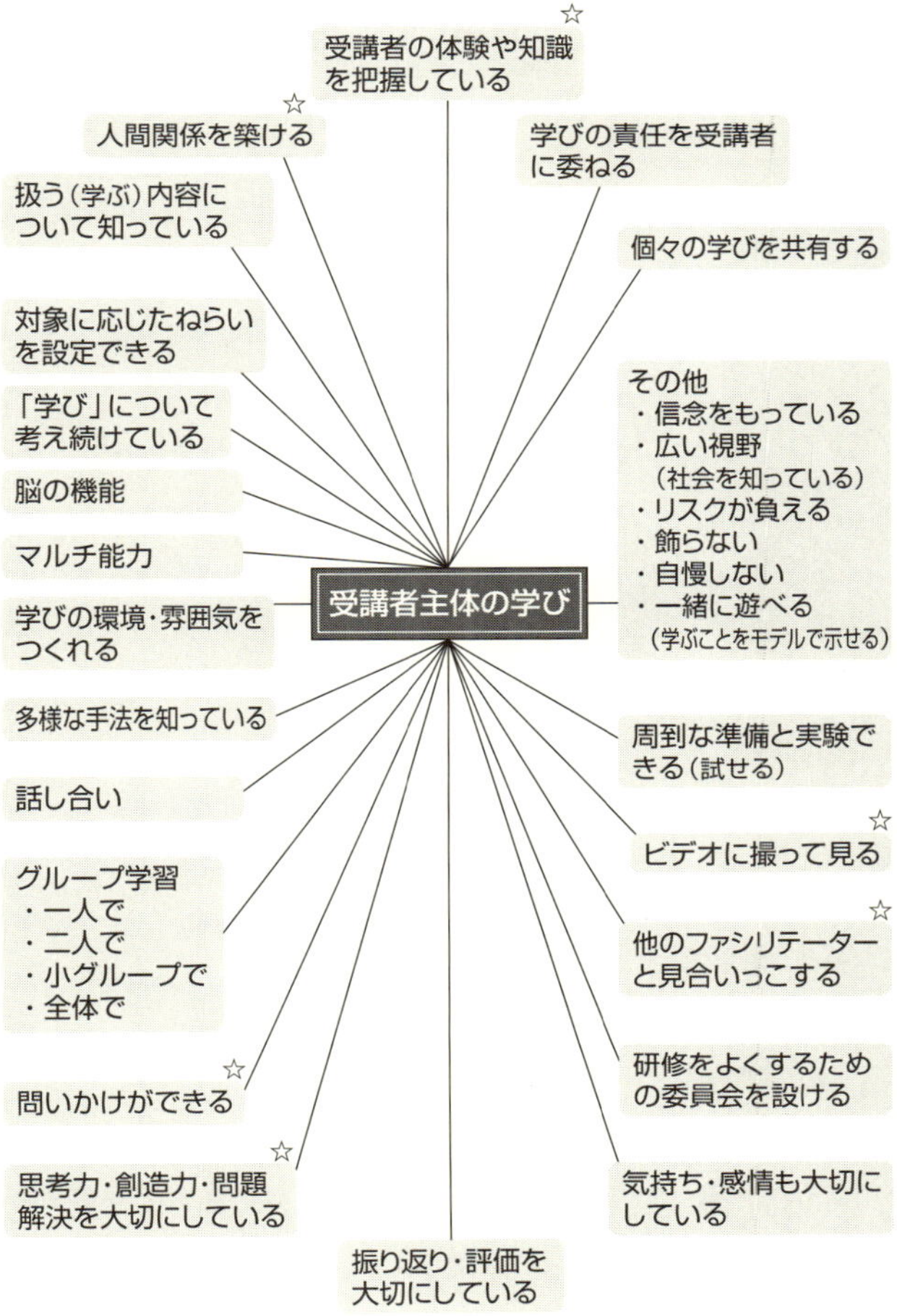
受講者主体の学び
☆受講者の体験や知識を把握している
学びの責任を受講者に委ねる
個々の学びを共有する
その他
・信念をもっている
・広い視野
（社会を知っている）
・リスクが負える
・飾らない
・自慢しない
・一緒に遊べる
（学ぶことをモデルで示せる）
周到な準備と実験できる（試せる）
☆ビデオに撮って見る
☆他のファシリテーターと見合いっこする
研修をよくするための委員会を設ける
気持ち・感情も大切にしている
振り返り・評価を大切にしている
☆思考力・創造力・問題解決を大切にしている
☆問いかけができる
グループ学習
・一人で
・二人で
・小グループで
・全体で
話し合い
多様な手法を知っている
学びの環境・雰囲気をつくれる
マルチ能力
脳の機能
「学び」について考え続けている
対象に応じたねらいを設定できる
扱う（学ぶ）内容について知っている
☆人間関係を築ける

その中で、問いかけの大切さについて以下のように書かれています。

「教育」の鍵は、知識よりむしろ「問いかけること」です。教師は、こどもにどう問いかけたらよいかを心得ていなくてはなりません。教育とは、こどもたちがただ「受ける」ものではなく、教える者と学ぶ者の共同作業にほかならないのです。

ワールド・スタディーズが目指すのは、「学びかたを学ぶ力」「問題を解決する力」「自分の価値観を自覚する力」「自分で選択できる力」です。これは、ひとえに、「問いかけ」に、つまり単に質問するだけでなく、こどもたちが自分で疑問点を洗いだし、答えを見つけていけるようにすることにかかっています。「問いかけ」は、情報がめまぐるしく移り変わる今日の世界では、わたしたち教師がこどもたちに提供できる最良のものと言えましょう。

そして、「こうした視点で教室での自分の行動を見直すのは、教師にとって示唆に富む楽しいことではないでしょうか」としたうえで、実際に見直す際のチェックリストまで提供しています（表1を参照）。私自身、一九八六年以来、できるだけ高い点数が取れるように努力し続けています。これらは、学校で子どもたちを対象にして授業をするときの努力目標ですから、ましてや大学の授業や大人を対象にした研修などではさらにより高い点数が求められてもおかし

表１　問いかけながら教えていますか？

1.	受講者たちが好きなところに座ったり、動いたり、受講者同士でなるべくお互いに働きかけ合えるようにしている。
2.	教材や資料はなるべくいろいろな種類のものが受講者たちの手に入るようにしている。
3.	講座の導入では、受講者たちが自発的に考えられるように、問題を出したり、質問したり、できるだけ意見が対立しそうな課題を取り上げたりしている。
4.	3の場合、指示はあまり与えず、受講者たちが自由に発言できるようにしている。
5.	講座の間は、講師よりも受講者たちが話す方が多い。
6.	講師が話すときは、教え聞かせるのではなく、問いかけている。
7.	受講者たちの発想を最大限に活用し、質問はなるべく受講者の前の発言と関連づけるよう心がけている。
8.	受講者たちの疑問を整理して、自分たちで答えを見つけられるように、講師は手助けをしている。
9.	受講者たちが自分たちの考えを体験に照らして吟味し直せるような質問をしている。
10.	お互いの発言に敬意を持ち、違う意見にも耳を傾ける姿勢で、話し合いが進められるようにしている。
11.	目標を個別に設定して訓練するよりも、疑問を追求する流れの中で、自然に力を伸ばし、身につけたものを利用できるように工夫している。
12.	受講者たちが課題の前提となっていることがらも問い直せるよう気をつけている。
13.	異なる価値や方法を考えることの意味を、受講者たちが自発的に追求できるようにしている。
14.	世の中に様々な姿勢や価値や方法があるのは、様々な個人的事情、社会的要因、力関係などが背景となっているのだということに、受講者たちの目を向けるようにしている。
15.	教育にとって、評価はあくまでも学習の質を高める手段であって、受講者の価値を判断するためのものではないと考えている。
16.	評価からわかったことをもとに、「問いかけ」の手法を改善している。
17.	受講者たちを評価するときは、学ぶ体験を通して様々な側面でどう成長したかを中心にしている。
18.	受講者たちに、講師自身も自分の世界を広めたり、深めようとしていることをモデルで示し、講座が終了した後も学ぶことはいくらでもあることを理解してもらうようにしている。

（出典：『ワールド・スタディーズ』）

くありません。なおこの表は、研修担当者が講師を選ぶ際の判断材料としてもとても効果的です。

思考を刺激するのが「いい質問」

それでは、「いい質問」とはどんな質問なのでしょうか？

それは、思考（場合によっては、行動まで）を刺激するものです。もちろん、反応を求めていますし、さらなる質問をつくりだします。ロバート・フィッシャーは、それを次のように分類しています（Teaching Children to Think, Robert Fisher, Stanley Thornes, 1990）。

・焦点を絞り込む質問
・比較することを求める質問
・はっきりさせるための質問
・さらに調べることを促す質問
・理由や背景を求める質問

なお、ある研修会で参加者に「いい質問」「いい問いかけ」の要素を出してもらったところ、

「相手を非難しない」「他の人も聞きたくなる」「聞かれる側に発見がある」「掘り下げる」「考えさせる」「再考を促す」「わかりやすい」「質問される側に配慮する」「第三者にもわかる」「いろいろ答えたくなる」「答えることがうれしくなる」「発想の転換を可能にする」などがあげられました。研究者があげているリストに負けず劣らぬ項目ばかりです。

もちろん、教師／講師の側がいい質問をすることは大事ですが、それ以上に大切なのは生徒や受講者の側が質問をすることです。小学校に入るまでの子どもたちは「いい質問」を常に発していますが、残念ながら一年、二年と経つうちに、質問することを忘れていってしまいます（質問のないところに大した学びなどあるはずがありません）。

質問で受講者の話す時間を増やす

フィッシャーは、生徒たちに質問を出させる方法も紹介しています。

・教師が質問をできるだけ発するようにする。モデルとして示すことが大切
・子どもたちの好奇心をそそる本やものを教室に持っていく
・子どもたちが関心のあるものを教室に持ってきてもらう
・いい質問にたくさん触れさせる

質問づくりの活動に関心のある方は、これらの他にも、たくさんの質問をつくってもらう活動が『「考える力」はこうしてつける』の第5章で紹介されています。私自身、人の講演などを聞くとき、単にメモを取るだけのときよりも、話を聞く過程で思い浮かんだ質問の方を考えながら聞いているときの方が、自分の頭の中で考える量が多いせいか、残るものが多いように思います。さらに、いい質問との関連で言えば、ここ十年ぐらいつくづく「質問こそが答えを決める」と思うようになっているのと、いい答えを導き出すためのいい問いかけができない状況が私たちの社会にはあまりにも多いことにも気がつき始めました。

さらに、フィッシャーは生徒からの質問に対する反応の仕方と、質問をした後の待ち時間についても言及しています。まず反応の仕方については、勇気を持って「わからないな〜。どうしたら答えが見つかるかな〜」と言ってあげるのがベストの反応の仕方だと言っています。そして、次のような形で補強してあげると、生徒たちの動機は高まるとも。

・さらに説明させるような質問をする
・言い換えて、言っていることを確認する
・質問を言い換えて、そのまま戻してしまう

・「こんなのはどうかな？」という形で答えに近づく質問をしてあげる
・「こんなことは可能かも」という形で提案を投げかけてみる

待ち時間については、私たちは「誰かが話していないと、誰も学んでいないのでは」という思い込みのようなものすら持っているのではないか、とフィッシャーは指摘しています。短い待ち時間は、少ししか考えるチャンスを提供しませんから、短い答えしか得られず、逆に長い待ち時間は、よく考えたうえで答えられるので、熟慮した長い答えが得られるはずです。

この問いかけを基調にした授業や講座展開を自分のものにしていくと、自ずと教師や講師が話している時間と、生徒や受講者が話している時間が逆転し始めます。もし出発点で、九割がた教師や講師が話していたとしたら、理想の行き着く先は九割がた生徒や受講者が話している状態です。

２　思考力（創造力・批判的思考力）を養う教え方

思考の六段階に対応した質問をする

日本でも、クリティカル・シンキング（批判的思考力）やロジカル・シンキング（論理的思考力）などのタイトルの本が近年出版されるようになりましたが、依然として大方は「思考力」というのは一種類しかないと思われ続けています（もちろん、脳の機能からすれば、それらは分けがたいものなのかもしれませんから、思考力を種類に分けてしまうことは間違ったことなのかもしれませんが、少なくとも学びの領域においてはわかりやすいし、取り組みやすいというか、練習しやすくしてくれます）。

思考力について、ベンジャミン・ブルームというアメリカの研究者が一九五六年に『教育のねらいの分類』という論文を発表し、「思考は、六段階にレベル分けできる」ことを提唱しました。それ以降、欧米では約五十年間、教師たちの間で思考力を扱う際のものさしとされてきました。その六段階とは、次の通りです。

①知識――暗記力（事実やことばややり方や分類などを知っている）
②理解――内容を解釈したり、言い換えたり、説明したり、推し量ったりする能力
③応用――知識を一つの状況から別の状況に移すことができる能力
④分析――全体の中の部分を見つけたり、区分けしたりできる能力
⑤統合――部分を組み合わせて統一された全体をつくりだせる能力
⑥評価――基準を使って情報の価値や使い道を判断できる能力

数字が大きくなるほど、高いレベルの思考力が使われていることを意味します。日本で常日頃扱われているのは、どのレベルでしょうか？ ①が九〇パーセントで、②が一〇パーセントというところでしょうか。

二十一世紀に入るころから、日本ではなばなしく展開されている「学力低下論争」も、この点についてはまるで見向きもしません。依然として暗記の量を増やすことが学力と思い込んでいる節があります。それは、「学力テスト」の復活などでも明らかです。これも、教育界における「悪しき習慣」どころか「悲劇的な習慣」の一つです。

低いレベルの思考力のみを扱うのではなく、高いレベルの思考力も同じように大切にするかどうかは、教師や講師の立場にいる人たちの選択次第という部分が多分にあります。そのためにも、教師・講師役になる人たちがこの事実を知り、また高いレベルの思考力を使った学びを自らが体験する必要があります。

また、十年ぐらいまでは低いレベルの思考がないと、高いレベルの思考は扱えないと思われてきたのですが、人間の学びのプロセス（ということは、脳の機能）が解明されるに従い、③応用（場合によっては、⑥評価）あたりから出発するのが最も効果的で、終わりの方で②理解や①知識が来る、という流れが確立されつつあります（『「考える力」はこうしてつける』〈前掲〉、また、マルチ能力との関連については、『「マルチ能力」で育む子どもの生きる力』の第11章〈「マルチ能力」と思考力〉をご参照ください）。

以上を読まれただけでは、実際に思考力をつけるにはどうしたらいいのかわかりにくいかもしれませんが、実は方法は至って簡単です。すべては、発する質問にかかっているのです。最初は、教師や講師がモデルとしてそれらの質問を発しますが、徐々に生徒や受講者が質問できるようにしていくことが大切です。たとえば、校庭のごみ問題を調べる授業をする場合に、次のような質問が考えられます。

①知識——どんなごみが落ちていましたか？　ごみはどこにありましたか？

②理解——ごみはなぜそこに落ちていたと思いますか？

③応用——校庭のごみ以外の環境問題の例をあげられますか？

④分析——校庭にごみが散乱する原因はなんだと思いますか？

⑤統合——校庭のごみの散乱を避けるにはどうしたらよいと思いますか？

⑥評価——校庭にごみが落ちていていいと思いますか？　ごみが落ちているとどんな気持ちがしますか？

創造力を養う「末広がりな質問」

次に、創造力について見てみましょう。これは、これまでの学びの世界ではあまり重視されていませんでした。変化の遅い世界においては、物事は前例主義で十分に対応することができましたが、二十世紀の末期以降変化が加速化している状況では、これまでの知識や習慣に頼るだけでは対応しきれなくなっています。これからは答えが与えられるのではなく、自らが考え、つくりだし、目標達成や問題解決のための多様な方法を編み出したりすることが求められています。

創造力は、単に発明や新発見や新しい科学的な理論や改善された製品や芸術などを生み出すだけでなく、人の全人的な成長にも重要な役割を果たします。具体的には、臨機の才、自主性、寛容さ、何事か（特に、情報）を共有する姿勢、そして自信などの形で表れるとされています。ジョアン・ダルトンは、「創造力は末広がりの思考と、この後に扱う批判的思考力とも深く結びついている」と言っています。末広がりの思考は、「4＋1は、いくつですか？」などの閉じた質問ではなく、「答えが5になる式にはどんなものがありますか？」といった開かれた（末広がりな）質問からもたらされます（Adventures in Thinking, Joan Dalton, Thomas Nelson, 1985）。

「すべての子どもは創造力を持っているのに、正しい／間違い、いい点数／悪い点数などの学校における隠れたカリキュラムが、多くの子どもたちの創造性を奪い去っている」としたうえで、「すべてが正解志向で閉じた思考に流れがちな学校においては、教師のサポートがないと、創造力は自動的に身につく状況にはない」とダルトンは言い切っています。隠れたカリキュラムとは、教科書など表立って教えられるもの（＝見えるカリキュラム）ではないのですが、私たちがすることや実際に日々起こっていることの底辺に流れており、見えるカリキュラムさえを左右するパワフルなものです。

そして、具体的には第2章で紹介した「学びの原則」と同じような教室の環境を提供することを提唱しており、創造力を育む八つの方法を紹介しています（巻末の資料編を参照）。それらは、四つの思考面と四つの感情面に関係するものです。

表2は、しばらく前のことになりますが、それまで延々と五十年も行われ続けてきた反戦・反核を中心とした日本の平和関連の事業を、輪を広げるためにもっと未来志向のものにするためにはどうしたらいいのかを考える研修会を開催したときに、「創造力をつけるためにできることは何か？」をテーマに行ったブレーン・ストーミングの結果です。「三人寄れば文殊の知恵」ではないですが、いいアイデアがたくさん出ました。これだけでも創造力がわいてくる気がしませんか？　あえて専門家に言われるまでもなく、そのチャンスさえ提供されれば、私た

表2　創造力をつけるためにできること(グループA)

子どものときの自由遊び	自分でやる（試してみる）
勇気	疑問を持つ
思いやり	遠くを見て深呼吸する
固定観念を押しつけない	時間的余裕を持つ
経験する	他人と話す
たくさん見る	からだの力を抜く
異質なものを見る	若い人と話す
手を動かす	トランプをする
感動する	遊び心を持つ
不完全（不十分）	本を読む
自分を追い込む（有言実行）	芸術的なものに触れる

ちみんなで専門家をはるかに越えられるのです。

もちろん、「反戦・反核」を否定するわけではありません。しかし、それだけを言い続けていても、本当に平和がもたらされるのか、もっと多くの人に関心を持ってもらうにはどうしたらいいのか、といった課題は残ったままです。

このような創造力をつける体験をいろいろとした後に、実際に「平和」をテーマにした計画づくりをしました。長崎で行った研修会で参加者がつくりだしたものには、以下のようなものがあります。

①長崎の過去・現在・未来を発見するためのツアー＝主な対象は、子どもたちとその親。戦争にまつわる場所だけでなく、世界に開かれた長崎の歴史も含めて、長崎の過去か

ら現在までを広い視野で再発見してもらうとともに、長崎の未来に思いをはせてもらうことがこの企画の主旨。

②平和教育の視点を変えてもらうための参加型の研修会＝対象は教職員。反戦・反核を訴えるだけの教師ではない、参加型を可能にする進行役の養成から始める必要がある。今回の研修会の参加者が中心になって、進行役を養成する研修会を開催していこう、というもの。

③長崎平和スクール＝従来のスクールは、主催者があらかじめ決めた内容に賛同する人たち（ないしは動員された人たち）が、特定の場所に集まって行われるが、このスクールは興味・関心のある人たちにテーマや内容を決めてもらい、自ら主催者になってもらおうというもの。従来型のアプローチではすでに限界はわかっているので、なんとか新しい方法はないかと編み出したのがこの方法。この企画の鍵は、興味・関心のある人たちをいかにして発掘するか、ということになる。

批判的思考力――重要なものを見極める力

次は、批判的思考力について見てみましょう。まず最初に注意していただきたいのは、これは「批判」や「批評」のための能力を磨くことではなく、重要な問題を厳正に考えるための能力を身につけることです。

ステファン・ブルックフィールドは、批判的思考には、

・人の考えや行動の前提になっているものを明らかにし、吟味する
・すべての行動や仕組み／制度は特定の状況ないし背景のもとに行われたり、つくられたものであることを理解する
・今あるものに替わるものを想像したり、見つけ出す
・建設的に疑ってみる

以上のような特徴があるとしたうえで、それを養うために教師や講師にできる10の方法を提示しています（Developing Critical Thinkers, Stephan D. Brookfield, Jossey-Bass, 1987）。

1 学習者に自信やセルフ・エスティーム（自尊感情）を身につけさせる
2 （批判的思考力は話し合いの中で養われるので）よく聞く
3 プロセス自体を大切にし、絶えずサポートする
4 鏡の役割を果たすことによって、フィードバックをしてあげる
5 既存の考え方はあくまでも暫定的なものに過ぎないことを強調して、批判的思考力を奨

励する

6　ひんぱんに振り返る

7　学習者同士が相互に練習できる機会をたくさん提供する

8　弱点を見つけて難癖をつける役を含めて、いろいろな役割をこなす

9　各自の学び方や誤解や癖などに気づかせてあげる

10　批判的思考力に必要な要素をモデルで示す（その際の特徴として、明快さ、一貫性、オープンであること、真似しやすい形で提示、身近な存在であることなどが含まれています）

一方ロバート・フィッシャーは、①質問の仕方を学ぶことと、②理路整然と説明できることを学ぶこと、としています（Teaching Children to Think, 前掲）。①の質問の中には、常にオープンである（容易に物事を決めてかからない）こと、絶えずチャレンジすること、真実を求め続けることなどの要素が含まれていますが、基本的には一七〇ページ以降の「問いかけ」のところで説明した内容とほとんど同じなので、ここでは繰り返しません。従って、②の理路整然と説明することに焦点を絞って、紹介します。フィッシャーは、それを可能にする方法として、以下の七つの方法を提案しています。

・順番に並べる（例えば、フローチャートなどは効果的）
・分類する／ランクづけする
・判断する（単純には、正しいか、間違いか、まだ証明されていないか）
・予測する
・一般化する
・他の人の立場や考えを理解する（これには、物語、劇、話し合いなどが効果的）
・自分自身を理解する（自問できる能力はとても大切）

他にも、問題を解決する、仮説を立てる、想像する、実験する、観察する、解釈する、調査するなどが考えられます。なお、「他の人の立場や考えを理解する」方法としては、役割を演じてみるロールプレイが効果的でしょう。

創造力でも紹介したジョアン・ダルトンは、計画する、予測する、コミュニケーションを図る、意思決定をする、評価するの五項目を立てて、具体的な活動例も紹介しています（巻末の資料編を参照）。

私自身がこの「批判的思考力」ということばに出合ったのは、かれこれ二十年前のことになります。一九八〇年代に欧米の教育界で盛んに言われ、かつ実践されるようになりました。日本にはない概念だったので、当初は「単に批判することとは違います。前向きに、建設的に批判することです」と説明していたような記憶があります。しかし、五年ほど前に「クリティカル」には「批判的」以外に、「重要な」とか「大切な」という意味があったことに気づきました。それ以来、「いろいろな情報や方法の中からどれが最も重要かを見極める力」ないし「大切なものを選び出す力」と説明するようになりました（二〇九ページ以降で紹介しているフォト・ランゲージやランキングやロールプレイなどは、この力を養うのにも効果的な方法です）。

以上、創造力と批判的思考力について見てきましたが、両者は重複する部分が多いことに気がつかれたことと思います。さらに、それらは問題解決能力の基盤としても位置づけられており、それらがしっかり押さえられることによって、問題解決や目標達成のプロセスをスムーズにします。

3 よりよい人間関係を築くスキル

「学びのコミュニティー」をつくる八つのポイント

すでに第3章で、雰囲気づくりや仲間づくりの具体的な活動を紹介しながら、学習者が初めて出会うときから人間関係を築くことの大切さを強調していましたから、ここであえて繰り返す必要はないのかもしれません。しかし、人間関係こそが学びはもちろんのこと、学んだことをその後の仕事や活動に活かせるか否かの鍵と思っていますので、再度ここで触れることにしました。その際大切にしたいことは、教師・講師も含めて学習者が相互に助け合ったり、刺激し合う「学びのコミュニティー」をつくりだすということです。

ちなみに、この辺から最後にかけては、私自身〝もがき〟続けている部分です。さらには研修の期間中という形で限定された関係ではなく、それをきっかけにその後の関係こそが大事なのかな、とも思い始めています。所詮、二時間、半日、一日、あるいは一週間をともにしても、それによって影響し合えることには限界を感じ始めているからです。もちろん、それをきっかけにしなければならないことは言うまでもないのですが、どうも「本物」の関係は研修後に始まるような気がしてきています。従って、以下ではその点にも留意していきます。

『T・E・T・教師学』の中で、トマス・ゴードンは以下のように言っていますが、これらは大人にもそのまま当てはまることだと思います。

すべての学校、教師にとって、生徒の「成長と発達」が教育目標である。しかし従来の指導法は、まったく逆であった。生徒（を教師）に依存させ、未熟で幼いままにおさえてきた。教師たちは生徒を信用せず、いつまでも命令・支配し、責任感を育てなかった。何をいつ、どう学習すべきかを、すべて教師が決めて押しつけ、生徒の独立心を養ってこなかった。教師自身は、そんなふうにしたかったわけではない。生徒が自分で責任を持ち、自ら学び決定し、自分をコントロールし、自己評価できるように——と思っていた。しかしそのための具体的な技術を知らなかったのである。このような技術は、偶然などで身につくものではない（TETは、Teacher Effectiveness Training の略。小学館、一九八五年）。

さらに、こうも言っています。

教師と生徒の間の基本的な人間関係は、子供が何歳であろうと変わりはない。（中略）小学校でも大学生でもあてはまるものである。人間関係の良し悪しは、生徒が教師からどう扱われているか、の考え方いかんにある。（中略）学校という組織のなかで、教師以上に生徒に影響力を与えるものはいない。（中略）生徒がやる気をおこすか否かは、教師と生徒の関係で決まる（前掲）。

文献などで紹介されているアドバイスも踏まえながら、私は学習者とのよりよい人間関係を築くためのポイントを、以下の八つに整理しました（特に参考にしたのは、I Teach - A Guide to Inspiring Classroom Leadership, Joan Dalton and Julie Boyd, Heinemann, 1992と501 tips for teachers - Kid-tested Ideas, Strategies, and Inspirations, Robert D. Ramsey, Contemporary Books, 1997)。

①基本的な欲求を満たす
②学習者と出会うことを楽しむ
③対等な（ギブ・アンド・テイクの）関係を構築する
④ソーシャル・スキルを絶えず練習する
⑤マイナスはプラスに転換する
⑥時間を提供する
⑦自分の仕事を絶えずよくする
⑧コンタクトを維持し、励まし合う

それでは、順番に詳しく見ていきます。

①基本的な欲求を満たす

単純に言ってしまえば、第1章の「いい研修会」で出された項目を不可能でないもの以外はすべて満足させ、「悪い研修会」の項目をことごとく消し去ってしまうことです。そうすることによって、学習者のかなりの部分の欲求は満たすことができるはずです。

学習者のニーズを分類すると、次のようになります（Control Theory in the Classroom, William Glasser, Harper & Row, 1985）。

・物理的な面の満足（食べものや飲み物、座り心地、照明や換気など）
・居場所があること（そこにいる一員と思えること）
・「自分にもできるんだ」という意識を持てること
・自らが責任を持って選択すること
・学びを楽しみ、好きになること

これらをすべて満たすような形で授業なり講座を運営するのとしないのでは、人間関係の形成も含めて、学びの成果は極端に違ったものになることは間違いありません。なお、「責任を持って選択すること」の中には、学ぶための共有のビジョンをいっしょにつくりだすことも含まれています。従って、教師や講師が教える内容をすべて決めてしまい、学習者はそれらをおとなしく学ぶだけ、あるいは聞くだけという従来のやり方とは根本的に違うことを意味します。

②学習者と出会うことを楽しむ

ここには、いくつかの要素を無理やり入れ込んでしまったきらいがありますが、以下のようなものが含まれています。

a 教師・講師は自分が話すよりも聞く――「主役は学習者」を実現するためには、不可欠な条件です。それは同時に、学習者が「言いたいことが言える」雰囲気もつくってくれます。単に「聞く」のではなく、「聴く」ことが求められます。これはbとcのベースです。

b 学習者を知る・理解する――目の前にいる学習者の背景となっている部分について知る努力をしましょう。また、学習者には多様な能力があることを理解し、いい部分は伸ばし、劣っている部分に関しては補うように心がけます。その際、レッテルを貼ることは絶対に避けなければなりません。もちろん知ったならば、学習者が持っている多様な「得意」はできるだけ披露してもらい、また「不得意」に対応できる多様な教え方で応えなければなりません。

c　常に気にかける――学習者の気持ちや考えを大切にし、受け入れ、可能な限り活用しましょう。別な言い方をすれば、敬意を持って接する、ということです。

d　一貫したメッセージを発信する――特に、言葉とボディ・ランゲージの矛盾には注意が必要です。人は、言葉そのものよりも、言い回しや動作などの方からより多くのメッセージを受信していることをわきまえておきましょう。また、一貫した接し方、公平な接し方も大事です。

e　学習者への高い期待と信頼していることを常に示す――学習者一人ひとりが持っている可能性を信じると同時に、夢を与えること、達成感を味わえるようにすること、絶えず励ますこと、学習者全員のチアリーダーであることが、教師・講師の役割です。

f　たとえ深刻で難しいテーマを扱ったとしても、楽しむことを忘れない――これについては、学習方法の選択でかなりの程度カバーできますが、同時に適度のユーモアや笑いが場を和ませるような雰囲気づくりというか、人間関係を築くことも大切です。

③対等な（ギブ・アンド・テイクの）関係を構築する

基本的に「いい関係」というのは、一方通行の関係ではなく、双方向、つまり双方にとってのメリット（学び）がある関係のように思います。また、両者が仮面をかぶることなく、ありのままの自分を出せる関係というのも大切な気がします。

こんなことがありました。富山のあるグループが高校生を主な対象にした学びの場をつくりだそうとしたときのことです。準備段階の実行委員会の研修で、「自分たちは黒子に徹する」とか「……してあげる」という言葉が飛び交っていたのですが、それを高校生たちが望んでいるのかを考えたところ、実行委員の大人たちも高校生たちと「対等な」立場でかかわっていこうということになりました。結果的に、まったく異なる運営の仕方になりました。十代の人たちが二十～四十代の大人たちと真剣に、しかも継続的に世の中のことについて語り合える機会はそうはありませんから。しかも「対等な」関係でということは。対等な関係でというのは、目標設定、意思決定、評価といったことにも同じレベルでかかわってもらうことを意味します。

私たちは、言葉遣いと人間関係や人の行動とが相互に大きく影響し合っていることを、もっと認識する必要があると思います。

④ソーシャル・スキルを絶えず練習する

私がここでイメージしているのは、コミュニケーション・スキルやリーダーシップ・スキルも含めた広義のソーシャル・スキル（社会で生きていくのに必要な技能）のことです。

確かに対人関係を円滑に進めるための狭義のソーシャル・スキルは基本ではありますが、それだけでは十分ではありません。『EQ—こころの知能指数』および『ビジネスEQ』の著者であるダニエル・ゴールマンが、私がイメージしているソーシャル・スキルに一番近い内容を提示しています（『ビジネスEQ』〈前掲〉）。

・影響力
・コミュニケーション能力（よく聴ける、説得力がある）
・摩擦の解消（衝突を回避できる）
・リーダーシップ（仲間を元気づけられる、目標に向かってひっぱれる／後押しできる）
・変革の促進（変化を起こしたり、ファシリテートできる）
・関係を築ける
・協力・連携（目標に向かっていっしょにやれる）
・チームづくり

これらの多くを練習するためには、グループ活動が効果的であり、その際ひんぱんにメンバーを替えるのがコツです。そのとき、各メンバーが何がしかを貢献できるように配慮します。

また、ここでいうチームづくりは、小さなグループとしてのチームとクラスないし参加者全体としてのチームの二つを意味しています。クラスないし参加者全体での共有や振り返りも忘れないでください。教師や講師は、これらのスキルを常にモデルとして示すことも大切です。

⑤マイナスはプラスに転換する

視点や捉え方の違い、あるいは自分のも含めて、間違いや失敗をチャンスに切り換えるようにします。つまり、間違いや失敗というものが存在しない雰囲気をつくれたら言うことなしです。だからといって、教師や講師が間違いや失敗ばかりを犯していいということではありません。常に準備をし、最善を尽くしますが、柔軟さは大切ですし、場合によっては意図的に失敗をしでかして、マイナスをプラスに転換するモデルを実際に示すことは重要なことです。常に前向きで、プラス志向の人間関係をつくりだしたいものです。

⑥時間を提供する

教師や講師が学習者に提供できる一番のものは、時間です。寄り添う姿勢と気長に待つ姿勢が大切だと思います。間違っても、自分から学習者の前から立ち去るようなことは避けたいものです。そして願わくは、このことは研修後も継続してそうありたいと思います。

二番目に提供できるものは、何でしょうか？

三番目あたりに、情報とフィードバックがあげられるように思います。人によっては、コーチング的な色彩の濃いものになるかもしれませんが、いずれにしても、情報やフィードバックやコーチングは教師や講師からのみ発せられたり、行われたりする必要はなく、可能な限り双方向、あるいは学習者相互のやり取りを可能にするように配慮したいものです。

フィードバックの際に役立つものにはすでに、一三四ページで紹介した「批判的な友だち」のアプローチや一七四ページで紹介した「いい質問」などがあります。

フィードバックにしてもコーチングにしても、基本的には教えることが目的ではありません。学習者に考えてもらったり、振り返ってもらうことによって、自ら答えを見出してもらうことが中心的な機能です。

⑦自分の仕事を絶えずよくする

このことは、言葉で書くほど簡単なものではなく、私自身かなり苦労しています。それは、自分のしていることや他人のしていることを、かなりクールな目で評価し、それを自分の仕事や、願わくは他の人の仕事にもフィードバックさせていく能力を要求されるからです。

また当然のことながら、自分の仕事をより魅力的なものにし続けることこそが、学習者との接点です。魅力的な仕事なしに、学習者との出会いを望んだところで、接点はなかなか見出せず歯がゆい思いをするだけでしょう。もちろん、魅力的な仕事をしていれば、こちらからネットワークなどと言わなくとも、多くの人が関心を持ち、積極的にアプローチしてくれるはずです。

⑧コンタクトを維持し、励まし合う

これは研修終了後のことを特に念頭においています。筆まめであることが求められます（電話魔という可能性もあるかもしれませんが、個人的には筆まめの方を推薦したいです）。忙しさにかまけていたり、元気をなくしていたときに、旧知の人から励ましのメールが来れば、誰しもうれしいものです。十年前には考えもつかなかったＥメールやメーリング・リストでのやり取りが容易にできるようになりました。当然のことながら、書けば書くほど人間関係が深まり、情報も集まってきます。

４　よりよい教師・講師になるためには？

日ごろからできること

最後に紹介するのは「よりよい教師や講師になるために日ごろできること」を、ファシリテ

ーターを志向する教師や講師の人たちの研修会で出してもらったリストを文献で若干補ったものです。ぜひ参考にしてください。

・よりよいものを数多く観る
・いい講師のワークショップに参加する
・心の中に師匠を数名持つ
・真似る
・人に見てもらう
・二人でする
・新米の教師・講師のコーチ／メンターになる
・普通の生活の中でスキルを試みる
・やり慣れた領域からはみ出して、チャレンジする
・情報収集を絶えずする
・関連の書物を絶えず読み続ける
・自分の推薦図書リストをつくる
・この本の参考文献を全部読む

・自分のこだわりを情熱のレベルまで引き上げる
・場数を踏む
・様々な対象に対して研修をする
・わかっている人たちを対象にする
・シナリオ（レッスン・プラン）を書く
・実際にする前に頭の中でリハーサル（イメージ・トレーニング）を最低三回する
・誰の意見も受け止める
・軸を持つ
・学び合える仲間を持つ
・ウェブを使った友だち探し
・批判的な友だちを持つ
・問いかけを常に考える
・学ぶ側の体験を持つ
・絶えず学習者を観察する
・意識的に聴く
・反応しすぎない

・反省するが、めげない！
・アクション・リサーチを実行する（一人で、仲間と）
・実践をまとめて発表する（仲間内で、研究会や学会で、公に本の形で）
・市民としてのモデルを示す
・自分の授業や講座に留まらず、学校や仕組み全体の改善に貢献する
・教える内容、教材、方法、人間関係の中で一番大切なのは人間関係。人間関係をよくするために絶えず努力する
・ジャーナルを書いて、振り返る
・ビデオに撮り、振り返る
・最低限のテクノロジーはマスターする

○アイス・ブレーキングの方法

次に紹介する四つの方法は、いずれも身体を動かすので、いったん座ったら最後までそのままという通常の硬い「教室」や「研修会」のイメージを壊すのに効果的なだけでなく、「誕生月」以外は全員がそろわなくてもできるので、研修会の始まる時間が来たら（あるいは、時間が来る前から）取り組めます。

誕生月で並ぶ

「誕生月」を体験した人がいた場合には、「朝早く起きた順番」や「手の小さい順番」や「目をつぶって背の低い順番」や「住んでいるのが会場から遠い順番」や「生まれた所が会場から遠い順番」や「今までで一番遠くまで旅したことのある順番」など、いろいろ考えられます。

これは、言葉を使わないで順番に並ぶと一層インパクトがあります。

二つのホント、一つのウソ

自分についての三つの文章を書いてもらいます。ただし、そのうち二つは本当のこと、一つはウソのことです。書き終わった人から、他の出席者を探してお互いのウソを当てっこします。

応用例として、自分の代わりに研修のテーマについて各自が思っていることを二つと、そうは思っていないことを一つ書いてもらう方法もあります。

あなたはどんな人ですか?

他の出席者を知るための質問を三つほど考えます。ありきたりの質問ではなく、創造力を働かせて(聞かれた相手が喜ぶような、あるいはアッと驚くような)質問を考えてもらったうえで、できるだけたくさんの人と出会い、考えた三つの質問の中から一つないし二つずつ交互に聞き合っていきます。

何人と質問を投げかけ合うかは、時間配分によりますが、十~十五分の間に五~六人というのが、よく知らない人と出会えたと思え、かつ言いたいことが言える雰囲気をつくる最低限のめやすのようです。また、この活動のポイントの一つは「聞かれてうれしい質問」なので、お互いが出会った後にどんなうれしい質問をされたかを出してもらうのもよいでしょう。

3つのコーナー

窓側を「そう思う」、入り口側を「そうは思わない」、真ん中を「どちらとも言えない」にして、文章を読んだら、その位置に移動してもらいます。これは、最初から自分の判断とからだで動いてもらうので、会全体の雰囲気づくりに役立つ活動です。コツは、あらかじめ用意した文章を次々に読むことで、テンポよく動いてもらうことです。文章の例としては、「果物はなんでもからだにいい」「飢えに苦しむ家族のためならば、食べものを盗んでもいい」「女性は今でも就職の際に差別を受けている」「貧しい国々への海外援助は、お金の無駄遣いである」「暴力的なテレビを見ることは、家庭や学校や社会での暴力につながる」といった具合ですが、扱うテーマにより関連した内容の方がいいことは言うまでもありません。

応用例としては、三〜四人ずつのグループになり、話し合って合意を形成してもらったうえで動いてもらう方法や、質問によってそこに動いた理由などを何人かに聞いてみる方法などがあります。

次の二つは、名前を覚えるための活動です。初対面ないしそれに近い状況で研修会が開かれる場合は、できるだけ早い段階で名前ぐらいは言えるようにした方がいいからです。そうでないと、話し合いなどがぎこちないままで行われることになりかねません。従来の研修会では、座席表をつくって名前をわかりやすくしているケースもありますが、これは逆に座席の固定化（つまり、未知の人と出会えない！）と名前を覚えなくてもすむ状況をつくりだしていますし、研修に大切なお互いに言いたいことが言える雰囲気づくりという観点からも、プラスではありません。

名前の意味や由来

自分の名前の意味や由来について紹介し合います。誰がどんな思いを込めて名づけたのか、それに対して自分がどう思っているのか、などを紹介し合います。初対面の場合は、全員の前で自分のことを紹介するのを恥ずかしく感じたり、あがってうまくできない人もいますので、まずは二人でペアになり、自己紹介し合ってから、ペアの相手がもう一人になりきって紹介する「他己」紹介の形で、全体に紹介し合うといいかもしれません（なお、学校のＰＴＡなどでは、子どもの名前でも応用できます）。

私にとって一番大切なもの

出席者には、あらかじめ「自分にとって一番大切なもの」を持ってきてもらい、他の出席者にわからないように箱の中に入れてもらいます。それを、一つずつ取り上げ、誰のものかを当てっこするのです。全部が出されたら、それぞれの持ち主になぜそれが一番大切なのかを説明してもらいます。全員の紹介が終わったら、感じたことや気がついたこと、学んだことなどを言ってもらうとよいでしょう。

これら六つの他にも、お互いを知り合うことを中心に雰囲気づくりに役立つ活動には、次のようなものがあります。

私の推薦図書

最近読んだ本、観た映画やテレビ、聞いたアルバムなどの中から紹介に値するものを一つ、その理由も含めてペア、グループ、ないし全体で紹介し合います。

四つの人生のハイライト

各自が、生まれてからこれまでの人生を振り返り、主な出来事を四つ選んで、グループ（四～六人）ないし全体に紹介します。

三つの願い事

行ってみたい国、会ってみたい有名人（あるいは歴史上の人物）、今回の研修会で達成したいことなどを、互いに紹介し合います。

チェックイン

私たちはホテルなどにチェックインするときに、どこから来たのかを書きますが、ここでは①自分が家や職場に残してきたものと、どんな部屋を希望するかを言う代わりに②終わった時点で達成していたいことを紹介しながら、自分の名前も紹介して、最後に「チェックイン」と言います。これは、それまで引きずっているものに敬意を表することで、しばしの間忘れてもらうのにも役立ちます。（この事例は、『ペアレント・プロジェクト』の提唱者のジェイムズ・ボパット氏が岩手県北上市で行われた研修会で紹介したもの）。

共通点とユニークな点

三〜六人ぐらいのグループになってから、メンバーの共通点を何か見出します。例えば、全員海外旅行に行ったことがある、サッカーが好き、次男・次女といった具合です。その後で、各自がユニークだと言えるものを披露し合います。共通点とユニークな点が出そろったところで、それらを踏まえてグループの名前を決め、報告者を決めて、順番に全体に発表してもらいます。

ほかにアイス・ブレーキングの事例を紹介している本やサイトとしては、

・『会議の技法』拙著、中公新書
・『最高のプレゼンテーション』ダグ・マルーフ著、ＰＨＰ研究所
・『「考える力」はこうしてつける』ジェニ・ウィルソンほか著、新評論、第2章
・『いっしょに学ぼう』スーザン・ファウンテン著、国際理解教育センター、第3〜5章
・『いっしょにできるよ』ミルドレッド・マシェダー著、国際理解教育センター
・『参加型ワークショップ入門』ロバート・チェンバース著、明石書店、第5章
・『地球市民を育む学習』グラハム・パイク＋デイビット・セルビー著、明石書店、第5章
・http://www.faj.or.jp/facilitation/tools/

などがあります。

○ユニークかつ効果的な教育方法

ランキング

ランキングとは、いろいろな文章の書かれたカードや写真に、優先順位をつけて並べる活動のことです。やり方は、相対する事柄が書かれたカードを四枚、または九枚用意します。「誤解・偏見・差別」のテーマの場合は、たとえば「隣に住んでもいい外国人」を表したカードになります。まずは各自で、各カードに書かれた内容を読んで優先順位をつけていきます。そして、「最も大切だと思ったもの」を一番上に、「最も大切でないと思ったもの」を一番下にして、「その間のもの」はその間に置いて、ダイヤ形（ひし形）になるように並べます。こうして各自のランクづけが終わったら、今度は二人一組になって二人が合意する優先

図1　ランキングのカード配置例

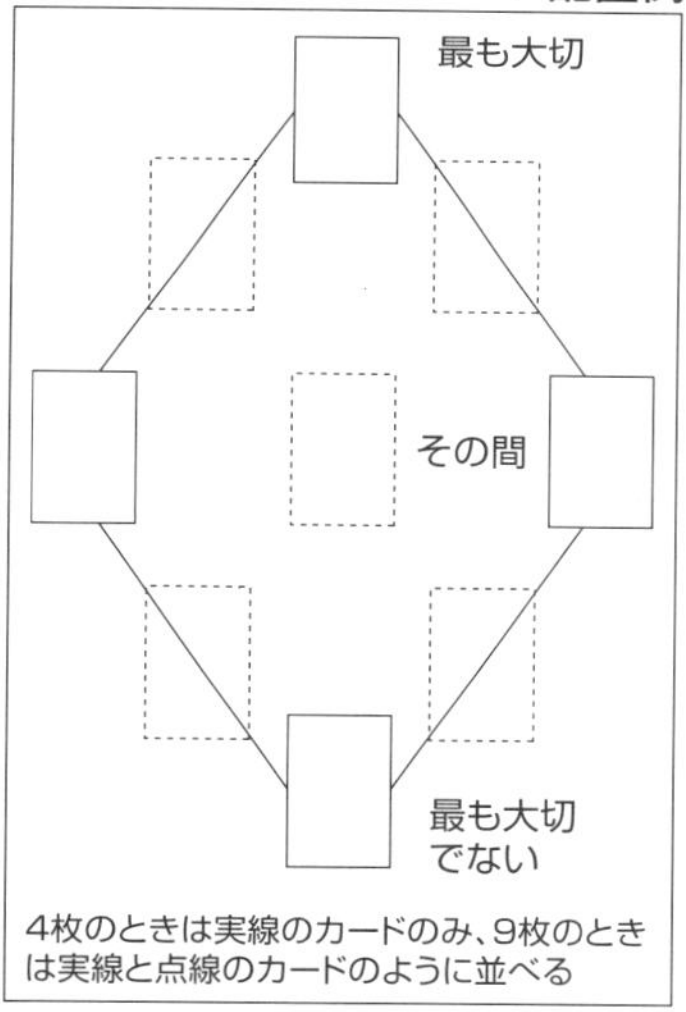
最も大切
その間
最も大切
でない
4枚のときは実線のカードのみ、9枚のときは実線と点線のカードのように並べる

順位に並べ、ダイヤ形をつくります。最終的には、四人ないし六人一組でグループを形成し、グループ全員が合意するダイヤ形をつくります。みんなの合意を得られるよう、協力してダイヤ形のランキングをつくっていくことで、そこでは建設的な話し合いの場が持たれます。それがこの活動の最も重要なねらいです。

この方法で大切なことは、どんなダイヤ形ができたかという結果よりも、それをつくっていく過程です。つまり、グループのメンバーがどんなことを話し合ったかです。そこで、ランクづけをしている間に感じたことや気づいたことについて発表してもらいます。さらに発展させて、合意に至るまでに使った知識や技能や態度を、ブレーン・ストーミングを使って出してもらう方法があります。いくつかのグループが出したものをまとめると、それは極めて多岐にわたっていることがわかるでしょう。ここまで行えば、単に内容について深い話し合いができただけでなく、言語能力、論理的思考能力、そして人間関係形成能力も磨けたことでしょう。

フォト・ランゲージ

写真は、集団の中で個人の考えや感情を表現するのに効果的なコミュニケーションの手段です。被写体について考えるだけでなく、見る人の想像力をかき立てたり、記憶を呼び起こしたり、感情を刺激したり、そこから自分自身を振り返ったり、他の人々についての理解を深めることができるからです。欧米ではこのような写真を使った方法を「フォト・ランゲージ」と呼び、解説のついていない写真を用います。

「誤解・偏見・差別」のテーマの場合は、例えば新車の売り出しないしカーワックスの宣伝に水着で登場する女性の写真などを使います。

例えば、次のような質問について考えてもらったうえで、グループで話し合います。

①この写真は、効果的だと思いますか？　つまり、新車ないしカーワックスの売り上げに貢献すると思いますか？
②この写真を見て、あなたが感じたことを四つのことばで表してください
③車の脇に立っている女性がもしことばを発したとしたら、なんと言うと思いますか？
④なぜ水着の女性が製品といっしょに写っていると思いますか？

これと似た方法として、ビデオを使う方法もあります。ビデオをほんの数分だけ見せて、あとは自分たちでその後のストーリーを考えてもらう方が、はるかに創造的なやり方だと言えるでしょう。あるいは、ビデオの場合は音声なしの映像だけを見せて、出演者たちが何を言っているのかを考えてもらうという方法もあります。

ロールプレイ

ロールプレイは、他人の役割を演じることで自分とは異なる視点や考え方があることに気づかせようとする手法です。扱いたいテーマや状況を設定し、その場面に登場する人物を明らかにします。例えば、地域の開発か環境保護かを争っているようなテーマないし状況を設定した場合、リゾート開発推進派の町長か議員、それによって雇用の機会が得られるかもしれないと思っている現在は失業中の若者、環境保護を訴える自然保護団体のリーダーとリゾート開発によって悪影響を受けるかもしれないと思っている農家などが考えられます。さらには、アライグマやフクロウ役まで設けてみたらおもしろいかもしれません。

それぞれが与えられた人物（や動物）の性格を考え、役になりきるために、実際にロールプレイを始める前にしばらく準備の時間を取ります。

演技は、結論を急がず、その場のなりゆきに任せて進めることが大切ですが、テーマなどによっては、いくらやっても満足のいく結果に至らないこともありますので、一応時間的な制限を設けておくとよいでしょう。

なお、ロールプレイの後にする話し合い（振り返り）は欠かせません。全体が到達した結論、メンバーがいろいろな時点で感じたこと、自分たちが学び取ったと思っていることなど、いろいろな意見や問題点を話し合ってください。

ディベートが基本的には説得力を持って発言できるのか（プラス議論が上手なのか）といったことが評価されるのに対して、ロールプレイのすぐれた点は、役割を交替して演じられることです。最初とは違う役割を演じることで、「今度の役ではどういう気持ちになりましたか？」「新しい発見はありましたか？」「交替する前と後では違う結論に至りましたか？」など、さらに深めた話し合いをすることが可能になります。

さらには、ロールプレイの途中で、教師が「ストップ」と叫んで、演技を中断してもらい、その時点で演じている人がどのように感じているかを言ってもらったり、その時点で起こっていることを話し合うこともできます。

シミュレーション

シミュレーション（模擬体験）は、状況を説明する前に、まずは体験することに重きを置いた方法のことを言います。「誤解・偏見・差別」をテーマにした場合だと、例えばこんなことが考えられます。

三二人の生徒がいた場合、四人の生徒に二八枚の紙と鉛筆を与え（二八人分の机も）、残りの二八人には四枚の紙と鉛筆と四人分の机しか与えません。配った後で、今から漢字と計算のテストをすることを告げ、七〇点以上取らないと、放課後に居残りをさせることも告げます。

二八人の中から質問や異議を唱える者がいても無視して、テストを行います。四人が答えられる程度のスピードで問題を次々に出していきます。二八人を煽る意味で、「カンニングをしたら点数はもらえません」とか「四人がテストを受けている邪魔をしてはダメです」と時々言います。

終わったら、用紙を集めて、誰が七〇点以上取ったか発表しながら、よくできたことをほめ、それ以外の生徒は約束どおり放課後に居残りしないといけないことを告げます。

ここまでがシミュレーションです。次のような質問をしながら、体験したことを振り返ってもらいます。

・大勢の方のグループになった人たちは、どんなことを感じましたか？
・テストをするためにどんな方法を取りましたか？
・四人のグループの人たちは、どんな気持ちがしました？
・この公平ではない状況で、大勢のグループになった人は何ができると思いましたか？　あるいは、実際にしたことはありますか？
・四人のグループの人たちはどうですか？
・このような状況が長く続いた場合、大勢のグループの人たちはどうなると思いますか？
・四人のグループの人たちはどうなりますか？

・今体験したのと似たような状況は、実際社会で起こっていると思いますか？　具体的にはどんなことがありますか？

○多様な評価法

①コースのはじめにする評価

なぜコースのはじめに「評価」をするかというと、学習者がどのくらいの知識やスキルを持っているか明らかにするためと（そうすれば、すでに計画してあるコースの内容や進め方を、学習者のニーズやレベルに合わせて変えることができます）、コースの終了時に行うものと比較できるからです。

テーマについて、すでに知っていること（やできること）と知りたいことを書き出してもらうのです。これは、対象や状況に合わせて、各人でやってもらってもいいですし、グループで書き出してもらってもいいでしょう。対象によっては、アンケート形式で書きやすくしたものの方がいいかもしれません。

②コースの間にする評価

誰かに聞いてみる

休憩やグループ活動で早く終わったときなどに、参加者を捕まえて、何を学んだか、聞いてみます。二～三人に聞くだけでも、学習者のフィードバックを得ることはとても貴重です。これは、極めて簡単で、効果的な方法です。

観察する

学習者がしていることをよく見たり、聞いたりすれば、こちらの期待通り学んでいるかどうかは、かなりの程度わかります。参加者が個別で、あるいはグループで活動に取り組んでいるときは、会場を歩き回って、観察し続けることが大切です。グループ内での話し方の内容や参加の仕方、あるいは実際につくり上げている成果物から、こちらが意図していたことをどれくらい学んでいるかは容易にわかります。

コースが何日か続く場合は、次のような方法もあります。

○×？△

最後の五～十分間ぐらい時間を取って、その日の研修でよかった点（○）、悪かった点（×、改善を要する点）、疑問点・質問（？）、そして明日への期待（△）などを書いてもらいます。

定期的にジャーナル（あるいはノート）に学んだことを書いてもらう

学んだこと／応用したいことのリストに記入してもらう

例えば二一九ページの表1のようなシートに記入してもらう時間を設けるのです。これは、二人ないしグループで共有してもらうこともできますし（そうすることによって、ある人には見えていなかった学びや応用が見えるようになる可能性もあります）、講師や主催者が名前なしでコピーさせてもらうこともできます。なお、この表は、コースの終了時にも使えます。

五～六人のグループになって学んだことのブレーン・ストーミングをしてもらう

模造紙に書き出してもらい、色を違えると、その日その日の特徴も出ます。

研修改善小委員会

研修をよくするための「小委員会」を公募し、その人たちは全員が書いた「○×？△」を回収して、それに書かれた内容などを話し合いながら、研修改善のための提案を翌日の初めに全員に発表する、という方法です。委員会のメンバーは日替わりで替えた方がいいでしょう。これをすることによっても、受講者の参加意識は高まります。なお当日のうちに、結果と提案を担当者と講師に伝えれば、翌日の内容に反映されます。

③コースの終了時にする評価

アンケートを取る

間違いなく、一番オーソドックスに行われている評価の手法でしょう。答えやすさが一番のポイントです。この結果で、受講者がコースに対して持った印象は得られます（よほどひどくない限りは、あまり悪いことを書く人はいません。その意味では、このレベルで満足してしまっては、物事は前に進まないということです）。アンケートを取る際の二番目のポイントは、それによって受講者に考えてもらうというか、引きずってもらう何かを投げかける内容も盛り込むということです。研修をイベントとして終わらせないための「仕かけ」と言ったらいいでしょうか。三番目のポイントは、アンケートを記入してもらうだけの終わり方は、暗いというか、盛り上がりません。次のような方法で、参加者に話して（参加して）もらって終わるようにしてください。

魔法のマイク

これをするときの人数は、四人から一五人ぐらいです。「今日の研修で一番印象的だったことは……」や「今日の研修で学んだことは……」や「今日の研修を通して私がやろうと決めたことは……」などについて順番に一言ずつ言ってもらいます。その際、誰かのボールペンなどをマイク代わりに回すのでこの名前がつきました。マイクを持っている人しか話せないのです。マイクを持つと話すのが得意でない人も話せるようになってしまいますから不思議です。

三つのコーナー

導入時のアイス・ブレーキングに使った方法と同じです。事前に評価用の文章を用意してお

表1　今日の研修のハイライト

今日の研修のキーポイント	自分の仕事との関連	アクション・プラン（「やろう」と決めたこと）
（例示） ・参加型研修が重要であるということ。	・研修カリキュラムの組み方・運営の仕方に示唆があった。	・研修員自身が能動的に学び、参加できる研修カリキュラムづくり。
・研修受託機関の方と新たな面識ができた。	・カリキュラムづくりにおいての協力や意見交換ができる。	・可能であれば受託している研修に一部カリキュラムに参加してもらう(ことができるかな？)。
・ブレーン・ストーミングの手法を学べた。	・課内のディスカッションに応用できるか（いきなり結論を出さない、明確化のための質問、改善のための質問をするなど）。	・特になし。
・口の字型の配席は実はよくないということを知った。	・研修実施に使えると思う。	・ぜひ、研修員と机なし、ひざとひざを交えてディスカッションを行いたい。
・研修改善委員会。	・研修の中でこの委員会をつくると、研修員の声がオーガナイザーサイドによく伝わってくると思う。	・参加者が5名以上の研修では、是非この委員会をつくってみたい。
・どこでも研修ニーズの把握が課題となっていることがよくわかった。	・重要課題である。	・研修ニーズの把握は当然行うとして、研修ニーズの掘り起こしも重要なので、プログラムオリエンテーションを充実させたい。

く必要があります。例えば、「あなたはどれくらい学べましたか?」「たくさん」「中くらい」「あまり」に分かれてもらいます。他には、「仕事に応用できると思ったものはどのくらいありましたか?」「五つ以上」「二～四つ」「一つ以下」や「参加者と出会え、協力して事に当たれましたか?」など、いろいろ考えられます。各コーナーに分かれた人の中から、何人かに主なものを出してもらうといいでしょう。マイクがあると話しやすくなるのと同じように、からだで動くと話しやすくなります。

感想を貼りつける

模造紙は三枚、A4の紙は一人に一～二枚ずつ用意します。模造紙には、内容、方法、その他(運営や場所など)と書き、参加者にはA4の紙を小さく四枚の紙に切って、模造紙のそれぞれの項目に該当する反応を書いてもらいます。一つのことは一枚の紙に書いてもらいます。書き終わった人から、順番にセロテープを使って模造紙に貼り出してもらいます。似通ったものは近くに貼るようにすると、自動的に分類もできてしまいます。

改善案の作成

前の活動で出された印象をもとに(あるいは、まったく関係なしにもできます)、内容面、方法面、その他に関して、改善するための案をグループでつくってもらう、という方法です。

最後の一言

大きなサークルになってもらい、目をつぶって研修の内容や、体験したことや学んだことなどを振り返ってもらいます（約二〜三分の沈黙）。目を開けたら「それを、一言で言い表すとなんでしょうか？」と聞いてから、みんなが準備ができたのを見計らって、順番に言ってもらいます。

ポスター・チラシづくり

研修会が盛り上がった場合は、次回の参加者に対して宣伝用に使うためのポスターないしチラシをつくってもらうという方法も効果的です。これは、自分たちが学んだことや得たことを振り返れると同時に、それをわかりやすく初めての人に伝えることになりますから、創造性も発揮してもらえる素晴らしい活動です（あまり長い時間はかけません。長くて、二十分ぐらいです）。応用としては、次回に参加してもらいたい人への呼びかけ文（手紙）を書いてもらい、実際に投函する、という方法もあります。

人数が多い場合、受講者からのフィードバックがほしいときは、次のような方法も考えられます。

Eメールで返事をしてもらう

特に学生などが対象の場合、（その場で書いてもらって集めるのは大変なので）Eメールで反応してもらいます。その方が学生も楽だし、フィードバックするのも楽です。その際は、こちらから投げかける一つの質問に集中してもらった方がいいでしょう。例えば、一番印象に残っていることや発見など。あるいは、一行の文章で、授業で学んだことをまとめてもらってもいいでしょう。さらには、まだ解決していない課題を一言で、それを選んだ理由についても数行で書いてもらうというものです。

④ コース終了後しばらくしてからする評価

このフォローアップは、本来、コースの不可欠な要素なのですが、参加者の数や経費を考えると常に実施するわけにはいかないかもしれません。しかし、知恵を出せば、それらの問題も乗り越えられないことはないでしょう。

マルーフは、レックス・ワードが常に主催者に尋ねる以下の二つの質問を引用しながら、

「コースが始まるときにはできなくて、終了時点でできるようになっていてほしいことは何ですか?」——これによって、何に焦点を当てたらいいのかがはっきりします。

「コースが終わった後に、受講者の変化を測るためにどんなことができると思いますか?」

これは、学んでもらったことは効果があるのか、本当に仕事や活動の中で活かせるのか、実際にどんなインパクトがあったのか、それが継続して行われるのかなどを知ることです。

研修をやりっぱなしにせずに、終わった後までも責任を持つことの大切さを強調しています。それが、講師としての信頼につながるからです。

電話でのフォローアップ

（本当は実際に訪ねた方がいいのですが）受講者全員に十日以内にフォローアップの電話をかけて、研修で学んだことを実際に仕事に使ったかどうかを尋ねるように、前述のワードは提案しています。彼が、受講者の人数を一五人以下におさえるように薦めているのは、それができる人数だからです。

誰だかわからない人からの電話

一三六ページで紹介した方法は、すでにわかっている自分のグループのメンバーから電話（ないしEメール）が来るようにしましたが、この方法はそれが誰だかわからないのです。各自が研修終了後にやろうと計画した一三三ページの表4のコピーを講師がグチャグチャにして配って歩きます。お互いに誰のものを持っているかは言わないようにしてもらいます（三十日後のお楽しみです）。そして、三十日経った時点で電話をし、計画はどうなっているか、○○は達成できたか、できていない場合はその理由は何か、今後の修正案は立てたかなどのやり取りをしてもらうのです。

この電話やEメールによる相互評価（励まし）と相通じるところがある方法が、ピア・コーチング（同僚が相互にコーチングをし合うこと）です。講師がコーチとして半永久的にかかわり続けるわけにはいきませんから、研修の期間中に受講者同士がピア・コーチングをできるように、「批判的な友だち」などの練習をすることによって、可能になります（『「学び」で組織は成長する』〈光文社新書〉の八六〜九四ページ参照）。

上司を巻き込む方法

実際に問題解決や目標達成やセールス向上などのテーマで研修をした場合に、それらが実行されなければ、研修をした意味はありません。講師としてのリスクは大きいのですが、受講者の上司たちへのフォローアップをするのです。それは、受講者たち自身が作成したアクション・プランの実効性を評価してもらうことになります。

○創造力を育む八つの方法（Adventures in Thinking）

創造力を育む活動と、次に紹介する批判的思考力を育む活動を、「子どもだまし」と片づけてしまうのはもったいないです。大人を対象にした研修会などでも、頭を柔軟にするためにウォームアップとしてこのような活動を短い時間すると効果はてきめんです。私たちの頭はすぐに硬くなってしまうようです。それほど、正解／間違いの「隠れたカリキュラム」は、学校のみならず私たちの社会全体にはびこっています。

1．ねらい＝たくさんのアイデアを出す（量が質をもたらす）

活動例①古タイヤの使い道をできるだけたくさんあげてください
②穴の開いているもので考えつくものをあげてください

2. ねらい＝柔軟性（多様な視点から物事が見られる）
活動例①今朝、学校に来る方法はいくつありましたか？
②雪の降るところに住むラクダ、砂漠に住む魚の話を考えてください

3. ねらい＝独創性（新しさは大切）
活動例①五番目の季節を考える
②図工室の改装のための資金集めとして考えられる方法は？

4. ねらい＝入念さ（より完璧に、より楽しくする）
活動例①本のカバーを取って、「より楽しく、魅力的にするためにどうしたらいいか？」
②一人がストーリーを語り始め、合図で次の人がその続きをつくりながら語り、それを最後の人まで続けていく

5. ねらい＝好奇心（小さいころに誰でも持っていたせんさく好きを思い出させる）
活動例①笑っている（あるいは、泣いている／怒っている）子どもの写真を見せて、「笑っている理由を考えられるだけあげてください」
②答えはニワトリです。質問は何だと思いますか？

6. ねらい＝複雑さ（たくさんの代替案を考える）

活動例① 11、13、17、19が共通に持っているものはなんですか？

② 今から百年後の学校はどんなか予測してみてください

7. ねらい＝間違いを怖がらない（自分の考えを率直に言う）

活動例①「働かざるもの食うべからず」は、正しいですか？ 四つの理由を言ってください

② 学校に来たがらない子がいます。その理由は何だと思いますか？

8. ねらい＝想像性（他の人の立場や別なところに自分をおいてみる）

活動例① 昨夜、ポップコーンの雨が降りました。なぜそんなことが起きたのか、理由を考えられるだけ言ってください

② バレンタイン・チョコを半年遅れでもらいました。なぜ、そんなに遅れたのか理由を考えたうえで、ストーリーをつくってください

これらの他にも、具体的な事例に関心のある方は、特に芸術的な活動をたくさん紹介している『いっしょにできるよ』（ミルドレッド・マシェダー著、国際理解教育センター、一九九四年）を参考にしてください。言葉ではなく、絵やからだなどを使った方が創造力は解き放たれることが多いです。それが、短い時間でも可能なのです。

○批判的思考力を育む五つの方法 （Adventures in Thinking）

1. ねらい＝計画する（フィッシャーでは、「順番に並べる」に相当）

活動例①私たちのペットの恐竜をお風呂に入れなければなりません。どのようにしたらうまくいくか考えましょう

②これまでとはまったく違った運動会を計画してください

2. ねらい＝予測する（原因と結果を見る力）

活動例①もし学校に来る必要がないとしたら、どのようなことになると思いますか？

②もしお母さんがストライキを起こしたとしたら、その原因にはどんなものがあると思いますか？ また結果として、どのようなことを引き起こすと思いますか？ それぞれ、最もおもしろい原因と結果を選んで、それらを選んだ二つずつの理由を言ってください

3. ねらい＝コミュニケーションを図る（フィッシャーの「分類する」に近い）

活動例①あなたは鳥になりたいですか？ それとも飛行機ですか？ 理由を言ってください

②クラスの一部の生徒たちがあなたの親友を嫌いだと言ったので、彼女はとても怒っています。あなたは彼女をどのように助けることができますか？

4. ねらい＝意思決定（フィッシャーの「ランクづける」に相当）

活動例①ペットを何か一つだけ持てるとしたら、何を選びますか？　そして、その理由は何ですか？　まずは、五つの可能性を考えてください。そのときには、以下のようなことを検討してみてください。私はそれが好きか？　両親は飼わせてくれるか？　飼うのは楽か？　いい友だちになれるか？　両親は買ってくれるか？　最終的に一つを選んで、その理由を言ってください

②好きな食べ物を一〇個言ってください。その中で特に好きなものを三つ選び、好きな順に言ってください。その際、以下のような基準について考えてみてください。自分の健康にとっていいか？　もしいつも食べたら嫌いになってしまわないか？　高くないか？

5．ねらい＝評価する（フィッシャーの「判断する」に相当）

活動例①「喫煙は廃止すべきである」。これについて、次の視点から評価してみてください。止めることなど考えられないヘビー・スモーカー。医者。たばこ会社。たばこを吸わない人

②「学校の休みは長くすべきである」。これについて、賛成と反対に分かれてディベートをしてください

この他にも、一三四ページで紹介した「批判的な友だち」の手法が効果的です。

おわりに

まずは、本書の唯一にして最大（?）の「なぞ」の解明から。

元々、書名として「効果10倍」は考えていませんでした。しかし、単に「教える技術」だけではオーソドックスすぎて、読者の関心をひけつけられるようにも思えません。そこで思いだしたのが、一五七ページの表3でした。その表は、「仕事への応用」や「役に立つ」学びをつくりだすためには、継続的なフォローアップやサポートが不可欠で、従来のような「やりっぱなし」の研修や授業では「使いこなせるようにはならない」ことを証明しています。

理論の説明と実例の紹介のレベルでは、五～一〇パーセントのレベルでしか使いこなせないのに対して、練習やサポートやフォローアップが提供されると、驚くなかれ八〇～九〇パーセントに伸びるのです。その効果は8倍から18倍あるわけですから、多少控えめに10倍とさせていただきました。

そして、心残りが二つあります。

私の現在の最大の関心事は、大人対象の研修（学び）を飛躍的に改善したいということと、子どもたちを対象にした授業を格段にいいものにしたいという二つです。前者の情報提供については、ある程度できたと思っているのですが、後者については第3章で選んだ事例の差が出て、情報を十分に提供することができませんでした。マルチ能力を使った方法をはじめとして、チーム学習、六段階の思考力や批判的思考能力を中心とした「問いかけ」学習、学びのスタイルを踏まえた教え方、振り返りを大切にした教え方などについては、簡単に触れた程度でした。問題をベースにした学習（Problem-Based Learning）、テーマ学習、プロジェクト学習、ワークショップ型の学び方・教え方、個々の生徒の違いに対応する教え方（Differentiated Instruction）などについては一切触れることさえできませんでした。ぜひ、場を改めて、再度挑戦したいと思っています。それまで待てないという方は、お問い合わせください（連絡先＝Shinlearn@yahoo.co.jp）。

もう一つの心残りは、参考文献リストを載せることができなかったことです。本文中に掲載されている本だけでは物足りないという方は、私がテーマ別に用意した本書のための参考文献リストをお送りしますので、ご請求ください（連絡先は、同上）。

最後になりましたが、本書を企画として取り上げてくれたＰＨＰ研究所新書出版部副編集長の阿達真寿さんと、編集担当者として協力してくれた佐々木賢治さんに感謝します。

二〇〇六年一月二十三日

吉田新一郎

PHP新書
PHP INTERFACE
http://www.php.co.jp/

吉田新一郎[よしだ・しんいちろう]

茨城県生まれ。1976年、マサチューセッツ工科大学都市計画学部卒業。79年、カリフォルニア大学大学院修士課程(都市・地域計画)修了。長年、自治体や企業を対象にしたコンサルティング活動に携わるかたわら、NGOの普及・啓発のための活動を行なう。89年、国際理解教育センター設立。現在、学びと出会いの環境と仕組みをデザインする「ラーンズケイプ」代表。著書に、『会議の技法』『いい学校の選び方』(以上、中公新書)、『校長先生という仕事』(平凡社新書)、『「学び」で組織は成長する』(光文社新書)、訳書に『「考える力」はこうしてつける』(新評論)、『最高のプレゼンテーション』(PHP研究所)などがある。

効果10倍の〈教える〉技術

授業から企業研修まで

(PHP新書389)

二〇〇六年三月三日 第一版第一刷
二〇〇六年五月五日 第一版第四刷

著者——吉田新一郎
発行者——江口克彦
発行所——PHP研究所
東京本部——〒102-8331 千代田区三番町3-10
新書出版部 ☎03-3239-6298(編集)
普及一部 ☎03-3239-6233(販売)
京都本部——〒601-8411 京都市南区西九条北ノ内町11
組版——有限会社エヴリ・シンク
装幀者——芦澤泰偉+児崎雅淑
印刷所 製本所——図書印刷株式会社

ISBN4-569-64846-0

PHP新書刊行にあたって

「繁栄を通じて平和と幸福を」(PEACE and HAPPINESS through PROSPERITY)の願いのもと、PHP研究所が創設されて今年で五十周年を迎えます。その歩みは、日本人が先の戦争を乗り越え、並々ならぬ努力を続けて、今日の繁栄を築き上げてきた軌跡に重なります。

しかし、平和で豊かな生活を手にした現在、多くの日本人は、自分が何のために生きているのか、どのように生きていきたいのかを、見失いつつあるように思われます。そして、その間にも、日本国内や世界のみならず地球規模での大きな変化が日々生起し、解決すべき問題となって私たちのもとに押し寄せてきます。

このような時代に人生の確かな価値を見出し、生きる喜びに満ちあふれた社会を実現するために、いま何が求められているのでしょうか。それは、先達が培ってきた知恵を紡ぎ直すこと、その上で自分たち一人一人がおかれた現実と進むべき未来について丹念に考えていくこと以外にはありません。

その営みは、単なる知識に終わらない深い思索へ、そしてよく生きるための哲学への旅でもあります。弊所が創設五十周年を迎えましたのを機に、PHP新書を創刊し、この新たな旅を読者と共に歩んでいきたいと思っています。多くの読者の共感と支援を心よりお願いいたします。

一九九六年十月

PHP研究所